放下不確定的未來，做出此刻最好的決定

堀内進之介、吉岡直樹——著
楊詠婷——譯

佳評推薦

● 心理學中有種說法——是先感覺快樂，才會成功；而不是要等到成功，才能感覺快樂。以未來的成功為目標無可厚非，但當下做事時的狀態，也相當關鍵。與其過度想像不確定的未來，不如試著在當下樂在其中。很期待和讀者分享這本書，願我們能減少在無謂的擔憂中耗損時間與心力！

——臨床心理師 **洪仲清**

● 不可預知的未來，總是充滿想像，讓人們不時地猜想、預測、賭注各種可能發生的情況。不知不覺，當下消失了，此刻不見了。自己的目光、心思、時間、精力，就這樣耗損在不確定的未來。幸運的話，結果如你所預期；不幸的話，結局終究令自己不堪想像。不可逆的是，此時此刻已隨風而逝，無影無蹤。及時回頭吧，請擁抱那真切的現在。

——王意中心理治療所所長、臨床心理師 **王意中**

● 人們對於不確定的未來，耗費了過多的心神在擔憂與害怕，殊不知這些內心的聲音，比真正的挑戰更危險又可怕！此書直指核心，點出了現代人在幸福路上的最大絆腳石——負面思考的自己，從自信、關係、物品、時間、金錢、成長等六大面向進行剖析，是用來戰勝自己的解憂百寶箱，讀來相當過癮！

——《內在成就》系列作者、TMBA 共同創辦人 **愛瑞克**

● 這本書以哲學與心理學為視角，細膩地剖析我們對未來過度擔憂的心態，作者提供了實用的方法，幫助我們將焦點重新拉回此時此刻。未來的不可預知，正是我們需要專注於當下的最佳理由。這是一部充滿啟發與力量的心靈指南，每一頁都能帶來溫暖與指引，從書中我體會到，幸福並非遙不可及，而是來自每一個真心選擇的當下。

——正面能量創作者 **Tings 聽思**

前言

別讓不確定的未來，綁架了現在的自己

第1章

不要小看憑著當下心情所做的決定

第2章

自信

你不需要當個完美的「好人」

第3章 關係

放下期待，守護自己也尊重對方

第4章

物品

內心的整理，從丟掉寶特瓶開始

第6章

|金錢|

和金錢好好相處，讓未來豐盛幸福

第7章

|成長|

不追求結果的行動，讓你更有韌性

「現在的你，幸福嗎？」

對於這個問題，你是否能給予肯定的答案？

實際上，根據最近的調查，能夠自信滿滿地回答「幸福」的人，連兩成都不到。正如這個數字所顯示的，許多人都背負著煩惱及不安。而自古以來的人們，也跟現在的我們一樣，經常為煩惱所困、感受到各種不安。

過去的賢哲、偉人們察覺到這些擔憂或痛苦，全都源自於自己的「未來」，便留下了對策和建議，期望這些啟示和思考方式，可以幫助我們在人生中體驗滿足、感受幸福。

然而，隨著時代更迭，我們的生活及環境也有了改變，先人們的教誨，對現代的我們來說變得艱澀難懂。所以，這本書順應著現代人的生活模式，將這些雋永的智慧整理成「實用、即效」的方法，讓大家可以輕鬆嘗試。

本書的作者有兩人，一位是鑽研著如何讓人生變豐盛的大學老師，另一位是這位老師創辦的研究所主要成員。迄今我們一直在觀察、探索現代人的生活及思想，在這個過程中，我們發現人們活得越來越艱辛，不安也升高了。

因此，現在正是活用先人智慧的時候，大家應該可以在書中找到各種有益的線索，消解面對未來時的不安與疑惑。

衷心期盼在你的日常中，能有微小而踏實的幸福和領悟，時時造訪、降臨。

前言

別讓不確定的未來，綁架了現在的自己

我們的內心有著獨特的運作方式，
總是在捕捉「未來」，對「當下」卻漫不經心。
我們會妄想各種「不明白、不確定、不可能」的未來，進而深感焦慮，
再用「應該・必須」的規則束縛自己、
重複著「不合理・沒有用」的努力，
想要掌控局面，把未來變成自己期望的樣子，
到頭來只會停滯不前、精疲力盡。
與其過度擔憂未來，重新專注於當下，先在「此時此地」盡力而為，
才能保有平和、篤定的心境，真切感受人生的幸福與自由。

不小心寄錯郵件，竟然就懊惱到想辭職？

這是某天發生的事。我和朋友F在咖啡館閒聊，一提起工作的話題，F就突然變得很沒精神，垂頭喪氣、一臉苦惱。

仔細詢問後，他才說自己「把一份有點重要的資料，不小心錯寄給公司的另一個人了」。

這的確是很常見的失誤，我也有過這種經驗。

但是，F卻極為自責，甚至瀕臨絕望。

「被發現很糟糕，沒被發現也很糟糕，總之就是完蛋了。看來我只好辭職了……」

我很能理解F的心情，但不覺得這個錯誤有嚴重到需要辭職的程度。

我想盡可能減輕F的心理負擔，就試著站在他的立場，跟他一起思考接下來可以做的事。

首先我建議：「應該不用那麼煩惱吧？如果真的很在意，就跟對方說聲『抱歉』如何？」寄錯信這種事，不管在哪個職場都會發生；況且聽他描述起來，寄錯了應該也沒什麼大礙，請對方忽略那封信就好。

但是，F卻沮喪到了極點。再仔細聽他往下說，才知道原來他寄錯信的對象，是個有點嚴厲的前輩。

無論在哪個職場，確實都存在著這種「麻煩人物」。不過，這畢竟只是工作上的問題，對方發現F寄錯郵件，多半不是忽略，就是直接刪除吧。即便之後在職場上碰到面，對方也不至於對這件事碎唸個不停，頂多是酸他幾句而已，畢竟他又不是F的直屬上司。

但是，我眼前的F似乎已經徹底絕望了。

「為什麼我會遇到這種事……」

我於是再次提議，「要不然就明天當面去跟前輩道歉，把寄錯信的事說清楚？」

這種時候，一般人的做法都是「做錯了好好道歉，被對方說幾句就沒事了」，但F卻表示反對，說自己「不想這麼做」。

「表面上看起來是沒事，但前輩對我的印象不就變差了嗎？其實，我還沒被這個前輩罵過。同期之中只有我還沒被罵過，我私底下一直以此為傲，我不想被前輩認為是『沒用的人』……」

最後，他開始哭了起來。

「為什麼會發生這種事……」

F說得沒錯。

「我只是不小心寄錯信而已……」

我深有同感。

「職場真的好難熬啊……」

確實如此。

就像這樣，F向我傾訴了自己的煩惱：「只是不小心把有點重要的資料錯寄給公司的另一個人，居然就要擔心到手足無措的地步，社畜的人生真的太難了。」我也是這麼想。

只不過，我「這麼想」的事，並不是「社畜的人生真的太難了」，而是這個事實——

只是不小心寄錯信，**我們居然就開始想像如此「不明白、不確定、不可能」的未來。這樣的我們，到底過著多麼苦惱與不安的日子啊。**

我們的內心總是在捕捉未來、放大不安

F的問題，對我們來說並非事不關己。

之後再回想，或許會不可思議，覺得自己「當時為什麼會為這種無聊的事糾結」？但在那個當下，大多數的煩惱對當事人來說，都是非同小可。確實，隨著時間流逝、或是在旁人看來，這些事往往「沒什麼大不了」，但即便如此，也不代表可以用一句「別在意就好了」應付過去。

重點就在於，在痛苦的時候、自己無法察覺的時候、鑽牛角尖的時候，如何盡早擺脫這樣的苦惱。

這時本書就能「立刻提供幫助」，其中也滿載了各種「自救的方法」。

在突發狀況下，身體能否得到適切的應急處置，將決定結果的好壞，心靈當然也一樣。所以，如果你意識到自己正為了什麼而苦惱，絕對不要錯過

解決的時機。

只是，我們到底為什麼會受困於不安呢？

這是因為，**我們的內心有著獨特的運作方式，幾乎不在意「當下」，而總是在捕捉「未來」**。或許程度深淺不一，但我們總是在思考著某個未來。

而且，**這種內心的運作就像悲觀的占卜師，會對極微小的可能性捕風捉影，讓我們將幾乎不會發生的悲劇當成「確定的未來」**，因而深感不安。

一直思考未來，人生就完蛋了

「總是有事情要擔心，我們才會對未來感到不安。如果能無憂無慮，就可以安穩度日了……」

我也一直這麼認為。

實際上，我們的內心總是看向未來，感受著不明白、不確定、不可能的不安，時時處在擔憂之中。

這樣的瞬間要是不斷累積，安穩的日子永遠不會到來。長此以往，說得誇張點，我們一輩子都會為未來擔驚受怕，最後在不安中結束自己的人生。

我想大家應該也同意，「內心某處總是感到不安的狀態」確實很難受，就像是在胸口豢養著一隻怪物，時時會以不安或恐懼的形式來騷擾我們。

這隻「怪物」的可怕就在於，即使我們覺得自己「現在很幸福」，它仍會沉重地盤踞在內心的某處。一旦陷入這種狀態，就算我們置身在幸福的生活中，也會時時被悲觀的情緒所困擾。

這種痛苦的處境，勢必要設法改善。

回頭看看F的情況，最適切的處理方式就是利用後續會告訴大家的「專注於當下的方法」，將他的擔憂從「現在該做的事」當中排除，先好好睡一覺，隔天再誠實地跟前輩認錯。總之，**不為不確定的未來杞人憂天，等到未來的事變成「現在」再做處理**，這樣的態度很重要。

至於F擔心「前輩對他的印象會變差」，就用「放下『自己無法控制的事』」來應對。我們無法隨意控制對方的心，所以為此苦惱也於事無補，這些方法都會在之後詳細說明。

「應該・必須～」只是毫無根據的執念

「想像著各種未來並因此不安」，這種狀況十分普遍，任誰都會如此。而為了要保護自己免於這種不安，人們幾乎是無意識地形成了「應該～」、「必須～」等麻煩的規則。

當事人會對這些規則深信不疑，就像是專屬於自己的行為準則，因此旁人有時會「難以理解」。**本書將這些規則稱為「成見」，而這些成見最終都會變成我們每個人習慣的常識，時刻束縛著自己**。

雖然也是因為有這些成見，我們才能成為所謂有常識的社會人，過著普通的生活；但要是過度受其束縛，就會像F那樣失去內心的自由。

在這種狀況下，已經不存在合理的理由，只有不合理的要求。

F堅信著「不被前輩責罵＝優秀」的成見，始終戰戰兢兢、小心翼翼；要是沒有了這項成見，F一定會過得更輕鬆。

真要說起來，職場生涯那麼漫長，根本沒必要執著於「沒被責罵過」這件事。因為有些教訓，只能從犯錯、失敗和挨罵的經驗中學會。

不諒解「失敗的自己」，才是最痛苦的事。

別讓「不合理・沒有用」的努力束縛自己

我們就這樣基於「成見」而行動，固守著某些「不合理・沒有用」的努力，讓自己背負起難以承受的重擔。

我們背負的這些「不合理・沒有用」，就是奪走可能性、讓我們每天艱苦掙扎的原因。

話雖如此，從F的例子可以知道，我們很難「察覺自己正在被常識和成見所束縛」。想要意識到這件事，平時就得養成習慣，放下那些「不合理・沒有用」的努力，這需要一點訣竅，書中也會逐一說明。

那麼，現在來說說F的後續發展吧。

結果，F並沒有被前輩責備。據說他去前輩桌前報告這件事時，對方反而是笑著跟他說：「這樣啊，謝謝你特地提醒我！」

原本個性嚴厲的前輩，為何會突然變得笑容滿面、平易近人呢？似乎是因為他才剛順利完成簡報，心情絕佳的關係。

從這件事可以學習到，我們每個人都是活在巨大的生命長流中，無論你遇上了什麼狀況或問題，世間萬物依舊如常運轉，絲毫不受影響。

因此，**無需煩惱那些不會被你的想法和行動影響的事物。**

放下那些重擔，集中心力解決眼前的問題，會是更好的選擇。

追著未來跑的內心，讓現在的自己疲於奔命

到目前為止，我們已經理解了內心的運作方式，以下先來做個簡單的回顧和複習：

❶開始擔憂——想像著「不明白、不確定、不可能」的未來，進而陷入擔憂。

❷重複著「不合理．沒有用」的努力——用自己任意的成見加以判斷，重複著「不合理．沒有用」的努力，想要把未來變成自己期望的樣子。

❸因失望而不安——面對不確定的未來，再怎麼拚命掙扎也改變不了任何事，結果只是讓自己停滯不前、精疲力盡，對不安的未來深感悲觀，也對自己失望。

如此一來，便造就了**「無法享受當下的我」**。對於經常受困於不安的自己，我們感受不到任何魅力，便認定「自己是個無趣的人」，同時又暗自擔心會被周遭的人們發現，於是更逼迫自己「要全力隱瞞、不能露餡」。在某些情況下，我們甚至會拚了命想掩飾，而不得不偽裝自己。

這些「不合理．沒有用」的努力，只會成為重擔，讓我們變得不幸。

善用方法，跳脫想掌控未來的惡性循環

我們預想著各種未來並因此擔憂，試圖要掌控不確定的未來，一再重複著「不合理．沒有用」的努力，最終的結果就是輕易地對自己感到失望。

如此一來，我們又會怎麼做呢？

沒錯，我們會繼續被不安糾纏、更執著地想要看見未來。但是，我想大家已經明白了，這只是在重蹈覆轍而已。

「想多少改變不幸的現狀！」「想看見更幸福的未來！」這樣的念頭讓我們陷入了焦慮與不安交織的無限循環，在這種狀態下，內心是不可能得到

安寧的。

所以，我們必須設法脫離這種最糟糕的惡性循環。脫離的方法並不難，只是需要一點訣竅，針對「要從哪裡做起？」，有以下三種實行的方法（為了更容易理解，我會根據先前的描述順序，倒推回去一一說明）。

方法❶做些和以往不同的事——突破停滯

根據芝加哥大學的研究〔註①〕，無論事前得知的資訊或結果是好是壞，實際的行動都會提升事後的幸福感。所以，**「不要多想，直接行動」**，**才是提升幸福感的要訣**。

這也是強調「自我表現、積極向上」的勵志類書籍，總是熱衷於鼓勵人們「行動吧！」的原因。但是，一般人其實很不擅長採取新的行動，而且傾向於能避則避。

說得明白一點，就是怕麻煩。對於提倡「行動吧！」這種激情喊話的方法感到不自在的人，恐怕只會覺得：「我知道要行動，但至少要告訴我怎麼做，才行動得起來吧。」

這一點我完全認同，所以本書才提供了這個要訣。

方法❷放下「不合理．沒有用」——克服成見

根據美國國家運輸安全委員會的調查，飛機失事的死亡率是〇．〇〇〇九%，汽車車禍的死亡率則是〇．〇三%。

也就是說，汽車這種交通工具的危險度遠高於飛機。但就算理智上明白這一點，大家還是會毫不在意地乘坐汽車，對於搭飛機卻緊張萬分——至少我是如此。這種心理就專業上來說是「信念系統的扭曲」，同時也是簡單易懂的例子，可以用來說明我們的「成見」。

再看看另一個例子吧。

日本境內的強盜殺人等重大刑案，在昭和時期（西元一九二六～一九八九年）大約每年有一萬五千件，到了二〇二〇年則驟減至四千四百四十四件。但是，根據警察廳的問卷調查，還是有高達六十七%的人認為「這十年來日本的治安變差了」。覺得「世道比以前還糟糕」的人，就算聽到了實際統計數字，也不會接受真正的結果。

一旦我們產生了成見，即便那不是事實，也很難就此擺脫。更別說是自我察覺了，那只會難上加難。

問題是，這些成見會限制我們的自由、成為沉重的負擔，所以一定要盡可能摒除。

這時，所謂的「放下法」就派上用場了。我們要捨棄成見所引發的那些

「不合理・沒有用」的行為，但在這種時候，我們自己形塑的常識，也就是成見，往往會成為最大的阻礙。

換言之，為了內心的安寧，我們既需要放下成見（停滯），也必須捨棄「不合理・沒有用」的行為（暴走）。

只不過，要「察覺到自己正被何種成見所束縛」，無論對誰來說都是至為艱難的任務。而本書將告訴大家，如何透過專注於「當下的感受」，讓我們順利並確實地放下「不合理・沒有用」的負擔。

方法③ 讓意識集中於當下——改變對未來的反應

大家聽說過古希臘的「斯多噶學派」嗎？這個哲學流派的代表性思想家包括有愛比克泰德（Epictetus）、塞內卡（Seneca）等，他們的思想被稱為「斯多噶哲學」或「斯多噶主義」（Stoicism），重視追求內心的寧靜與平衡。

斯多噶學派的思想，可以說是現代自我啟發概念的源頭之一，他們主張**將「可控的事物」與「不可控的事物」明確地區分開來**。斯多噶學派認為，人無法控制外在環境及外來事件，但可以控制自己的判斷與反應，也就是處理這些狀況的態度。

即便在現代，想整頓自己的內心，這個觀點也是重要的課題。換言之，將焦點放在本身的意識和注意力，把自己從外來事件及他人行動中解放出來的這種思維，斯多噶學派的哲學家早在幾千年前就已經理解了。

按照斯多噶學派的思考方式，**與其為過去懊悔、對未來擔憂，還不如專注於當下，針對眼前的狀況**，在**「此時．此地」盡力而為、做到最好**。

這不是要我們完全無視過去或未來，而是要掌控自己面對它們的反應。

因此，專注於當下這一刻，可以說是掌控自我反應、維持平和心境的要訣之一。

這樣的思考方式，在現代許多強調「活在當下」的心性鍛鍊技巧中也很常見，像是正念思考或冥想練習。

專注於「當下這一刻」，能讓自己和周邊世界建立起良好的連結，將我們引導至更高階的意識狀態。

斯多噶學派傳遞了強而有力的訊息，教導我們看向自己的內面，將所有心力投注於當下這一刻，從而度過更加充實的人生。

例如，古羅馬哲學家塞內卡曾經這麼說過——

（產生不安的）最大原因，是我們沒有適切地應對眼前的事態，反而搶先思考遙遠的未來。……沒有一個人的不幸，是眼前的狀況造成的。

專注於「當下這一刻」，是歷史最悠久的解決方案，也可以說是各種學說的「源頭」。

絕大多數分散我們注意力的紛紛擾擾，幾乎都是我們對未來「不明白、不確定、不可能」的妄想，讓我們難以專注於當下。

許多人都聽過正念、冥想等從呼吸著手的方法，卻很難想像「如何將這些成果應用在日常之中」。因此，本書會將你在每個時刻感受到的心情分成三類，再告訴大家如何專注於「當下這一刻」。

放下對未來的執著，安心過當下的生活

我所建議的方法，是為了讓大家「放下未來、安心生活」，但絕不是要大家「放棄思考未來」或者「捨棄常識，漫無目的地活著」。

首先，若是採取後者這種速簡的解方，未來的不確定性還是會持續以不安的形式攻擊我們，再度瞬間占據我們的內心。畢竟，所謂的不安，就是受到未來影響，而使當下變得不安定的狀態。

「想像、預測不明白、不確定的未來，並為其擬好對策以迴避危險」，這樣的生存方式在某些情況下確實有效。對過著原始生活的人類祖先來說，這是得以延續性命的成功戰略，也正因如此，才有了現在的我們。

但是到了現代，這項戰略卻成了讓人有點困擾的存在。「全力捕捉未來的內心運作模式」，只會讓現代人無端地擔憂未來，被不必要的成見束縛，進而對自己失望。它會讓我們覺得現實要比實際上更為痛苦。

特別是無法感受到「此時．此地」的幸福時，我們就有必要微調內心的運作、改善現有的狀態，才能讓全身心再次感受到幸福。

從下一章開始，我會針對【自信・關係・物品・時間・金錢・成長】等六個主題，告訴大家應該解決什麼問題、又要如何解決，才能專注於現在，讓「當下這一刻」充滿幸福，在最後也會重新討論要如何克服不安。

請大家就這樣放鬆心情，繼續讀下去吧。

第
1
章

不要小看
憑著當下心情所做的決定

同樣一件事，會隨著我們的內心「在當下有何感受」，
產生截然不同的解讀和意義。
對內心來說，答案時刻都在改變，「絕對的正解」並不存在，
反覆糾結著「什麼才是未來無可撼動的答案」，只會徒增壓力。
重要的是做出決斷時，要坦誠地聽從「現在這一刻」的心情，
選擇自己能認同的狀態就好。
重視當下的感受，依循內心真實的指引去行動，
是消除不安、解放身心的第一步，也是珍惜自己的生存之道。

不常看的影音平台，要為了優惠續訂嗎？

某個晚上，我和朋友F在社群媒體上互傳訊息，他向我坦承了一件事。

「我訂閱了一個影音串流平台，已經三個多月沒看了，一直煩惱著要不要退訂。」

後來，F又說這不是什麼大事，便準備轉移到其他話題，但他似乎真的很煩惱，我就提議打電話聊聊吧。

（都三個多月沒看了，直接退訂不就好了？）

雖然我心裡這麼想，不過當下的氛圍，讓我沒辦法就這樣輕易地回應。

一想到F在深夜向我求助的心情，就覺得自己的態度不能太輕率。反正我也沒什麼特別的事要做，便打算集中精神，好好聽F訴說整個經過。

據F說，他是為了追某部外國影集，才訂閱了那個平台。平台的規定是只要訂閱超過兩年，就可以升級成「黃金會員」，原本每期一千日圓的會費則降為八百五十日圓。

聽到這裡，只是「三個多月沒看」就退訂，似乎的確有點可惜。

於是我問F：「你有特別想看的節目嗎？」

他回我：「也不是完全沒有……」這個回應似乎有點微妙。

F是這樣解釋的——「我一直想著，『不管什麼劇，只要持續追下去，應該都會看得蠻開心』。但我總是覺得『今天沒那個心情』，結果時間一下子就過去了，整整三個月一次都沒看過。」

聽他這麼說，我大概就能理解了，因為我自己也有過一兩次這種經驗。

我試著站在F的立場，把自己當成他去模擬這個狀況。

即使「今天沒心情追劇」的狀況已經持續蠻長一段時間了，但說不定哪天自己想看的影片就上線了。如果現在退訂，屆時就得再花一千日圓去訂閱「原本用黃金會員價八百五十日圓就可以收看」的影音平台。

這確實會讓人很不甘心。

我完全可以理解，為什麼連平時聰明伶俐的F也會猶豫不決。

「我很清楚，付了錢不看就吃虧了。」

「可是，因為付了錢就勉強自己看，不是很奇怪嗎？」

「不對，都已經付錢了，不看才叫浪費吧。」

「不然這樣，乾脆直接退訂，這樣就不必煩惱看不看了？」

「……可是，要是現在退訂，之後就沒辦法用優惠價訂閱了。」

從這裡開始，F的思緒就糾結起來、亂成一團了。

想得太多，最後會弄不清在煩惱什麼

不過，F的態度卻出奇地堅定。

「我現在不想看，但是以後可能會想看啊。」

他斬釘截鐵地說。的確，我也不否定有這個可能性。

或許，F糾結的是自己**「現在明明沒看，卻為了未來繼續在付錢」**吧！

他之所以下不了決心，也是想到如果退訂，「未來哪天想看了」，就得付出比現在多一百五十日圓的會費。

然而，退訂和續訂，到底哪一邊才划算呢？

如果要用最嚴謹的態度來回答這個問題，或許只能等到「F離世的那一刻」，才有辦法算清楚他最後是賺還是賠。

所以**「現在哪一邊划算？」**，**正確答案是「不知道」**。

因為「不知道」，所以在當下這個時間點無論「退訂」或「續訂」，都不能說是錯誤的選擇。

即便如此，F還是很認真地煩惱著，甚至忍不住在深夜打電話跟朋友傾訴。這樣的煩惱，究竟是從何而來呢？

如同接下來的描述，**有時我們會因為「無論選哪一個都沒錯的選項」，陷入猶豫不決而掙扎苦惱的無限循環**。

這種令人困擾的循環，我們可以想像成是反覆陷入了以下這三種「泥沼狀態」。請套入我朋友F的情況，試著思考一下吧。

❶ **無意義的原地打轉狀態**——首先，他會不由自主地一直思考著「自己以後會不會看」這個不確定的未來。（↓進入❷）

❷ **一毛不拔的狀態**——接著，他會受困在「不想遭受一丁點損失」的執

念裡，持續支出不必要的費用。冷靜想想，他為了不想放棄一百五十日圓這種蠅頭小利的優惠，反而每個月浪費了八百五十日圓。（↓進入❸）

❸ 動彈不得的狀態——最後，他會進退兩難，只能無奈地維持現狀，既下不了決心退訂，又為了要不情願地繼續付費而煩惱。（↓回到❶）

「太過在意未來，只會製造出更多『不合理．沒有用』，讓自己動彈不得。」那要怎麼做，才能從這種泥沼中脫身呢？

根據三種「內心區域」，確認當下的感受

即便從理性的角度來思考，人也很難隨心所欲地掌控自己。

「太過在意未來，只會製造出更多『不合理．沒有用』，讓自己動彈不

得。」本書要提供一個重新審視內心的方法，幫助大家脫離這種狀態。

這個方法並不難，只要依照自己當下的內心狀態來選擇即可。這種思考方式的根源，則是植基於「壓力的科學」。

根據「壓力的科學」所示，人的內心狀態可以分成三大區域——「舒適區」（comfort）、「最佳表現區」（performance）和「危險區」（danger）。

為了讓大家更容易理解，在本書中會換成用以下三種區域來表示：

❶ **【放鬆區】（relax zone）**

❷ **【挑戰區】（challenge zone）**

❸ **【壓力區】（stress zone）**

雖然不如科學用語那麼嚴謹，但這個方法效益良好，可以確實地掌握、判斷自己內心的狀態。

以F為例，對於「每月持續支付八百五十日圓」的這個狀態，他的反應與認知可以分成以下三種：

❶【放鬆區】——「即使」沒看，為了隨時都能看，還是願意付八百五十日圓。

❷【挑戰區】——「雖然」沒看，但既然都付了八百五十日圓，就努力搜尋有趣的節目吧！

❸【壓力區】——「明明」沒看，卻付了八百五十日圓，實在很浪費。

同樣都是「八百五十日圓」，卻會隨著F的內心在當下是如何解讀，產生截然不同的意義。雖然我們無從得知「哪天可能會看」的未來是否實現，但只要對照自己此刻的內心狀態，應該就會知道要做出什麼選擇。

若是❶【放鬆區】，那就繼續付費也無妨。

若是❷【挑戰區】，即使不知道下個月狀況如何，至少可以用積極的角度看待這個月的支出，先觀望一陣子再說。

如果陷入了F身處的❸【壓力區】，還是直接退訂比較好。

內心的答案時刻都在改變，沒有絕對的正解

我們常會受內心的狀態影響，而使自己的感受「偏好」或「偏壞」。也就是說，**我們的內心有著另一項無關「損益」，而是以「當下有何感受」等情緒為中心的評價標準**。

對於「這個月付了八百五十日圓」，我們可以覺得「這樣不管什麼時候想看，都只要付八百五十日圓，讚啦！」，也可以想成「果然一直都沒看，

又虧了八百五十日圓，真不甘心！」。

即便最終付出的金額都一樣，但當下的心情如果不太好受，答案就很清楚了。那就是——直接退訂。

對我們的「內心」來說，答案時刻都在改變，所謂「絕對的正解」並不存在。**與其反覆糾結著「什麼才是未來無可撼動的答案」，不如確實掌握當下的感受，選擇「此時與這份心情相應的正解」（在這一刻認為是「對」的答案）**，才是適切的做法。

聽起來可能有點極端，但是你的心情或許明天就變了，到時候「正解」就算跟著改變也無妨。執著於所謂的正確答案，只會徒增壓力，**重要的是做出決斷時，要坦誠地聽從「當下這一刻」的心情**。

最後來總結、整理一下吧。

一邊想著「這個月又虧了」，一邊繼續支付八百五十日圓，只會成為壓力的來源。

反過來說，為了「多少節約一點」，而拒付八百五十日圓，苛扣自己的快樂時光，也會讓內心逐漸受到侵蝕。

所以，選擇自己能夠認同的狀態就好。

重視當下的感受，是獲得幸福的唯一要訣，也是珍惜自己的生存之道。

第2章

| 自信 |

你不需要當個完美的「好人」

越是認真的好人，往往越會過度努力。
他們渴望「獲得安心的未來」，所以什麼都放不下、想要滿足所有人，
反而讓自己背負了更多無理、多餘的重擔。
不要總是責怪自己「還不夠完美」，
而是要衷心地稱讚「我已經做了這麼多」；
你不必只靠自己的力量勉強改變，
只要製造一點小小的契機，讓改變順其自然地發生。
你所應該重視的人，就算你不完美，也一樣會愛你。
相反地，那些強迫你「必須完美」的人，根本不值得你重視。

你是不是變成「什麼都放不下」的「好人」了？

就如先前所述，我的朋友F太過在意「將來或許會看」的可能性，因而持續訂閱「沒有用」的影音平台。這種情況，確實讓人很容易有代入感。

我也曾拖拖拉拉訂閱著某個好一陣子沒聽的音樂串流平台。無論是誰，都會不知不覺背負了許多這樣的「不合理．沒有用」，而我們最常掉入的欲望陷阱有以下三種：

❶覺得（這樣做將來）會吃虧——不想吃虧的欲望

❷覺得（這樣做哪天）會後悔——不想後悔的欲望

❸覺得（這樣做以後）會被討厭——不想被討厭的欲望

你是否也曾被這些欲望糾纏呢？

這裡雖然是以F的訂閱問題為例，但欲望絕非只跟未來的損益有關。有時候，欲望並不是出於貪心，而是因為越善良、越認真的人，內心就會背負著越多的「不合理．沒有用」。

他們渴望「獲得安心的未來」，所以什麼都放不下，便累積了更多「不合理．沒有用」。換句話說，他們越是想著「平凡就好」，反而越增加了自己的負擔。

人們因為想像著各種未來而不安，為了保護自己，於是無意識地製造出「應該～」「必須～」等綁手綁腳的麻煩規則，也就是所謂的「成見」。這些成見最後都會變成我們習慣的常識，時刻束縛著自己，即使明知道這麼做「不合理．沒有用」，卻仍然無法停止，實在可怕至極。

就算覺得「撐不下去了」，還是無法拒絕、難以放手、停不下來。

你是不是變成這樣的「好人」了？

就算心裡覺得「這樣根本沒有用，只是做白工」，還是繼續配合、捨棄不掉、停不了手。

你是不是這樣的「好人」呢？

只要覺得自己有那麼一點被說中了，當你在考慮某件事時，請務必先確認自己的感受是處在**【放鬆區】**、**【挑戰區】**，還是**【壓力區】**。

可能，你的內心正處在**【放鬆區】**，維持著平靜的情緒？

也許，你的內心正處在**【挑戰區】**，感受到「積極進取」的能量？

或者，你的內心正處在**【壓力區】**，「提不起勁」卻「不能不做」？

如果你覺得正處在**【壓力區】**，哪怕一次也好，請試著立刻放手吧。

你在意的事，別人可能已經忘得一乾二淨

話雖如此，當我們認定自己非做不可，要放手就沒那麼容易。先前曾提過，一旦「無法放手」變成我們個人的「常識」，放下「不合理・沒有用」便不再是簡單的事。要在當前的狀態下捨棄這些成見，確實十分困難，也因此，我們必須先改變現在的自己。

就算覺得「撐不下去了」，還是無法拒絕、難以放手、停不下來。

這到底是為什麼呢？

因為害怕「之後會變得更糟糕」或是「會受到責罵」……這些狀況確實有可能發生。

但是，也有可能不會變成這樣，或許那不全是你的責任。

說不定你根本不用負責。

甚至，你也可以乾脆逃走，順便展開新的生活。

你或許想說：「有些關係或念頭想斷也斷不了。」

實際上，這也可能只是一種成見。

放手之後，或許不用多久，你或周遭的人們就會把這件事本身忘得一乾二淨。就算隨手放下了而造成某些不便，也可能只要道個歉，表明自己「弄錯了」就可以解決。

人類要比我們想像中更健忘。根據德國心理學家（註②）的研究，一件歷經艱辛才學會的事，人們在一個月後幾乎就會忘個精光，想再次學會，則必須花上前一次學習所需八成左右的時間。

也就是說，再怎麼努力學會，隔了一個月後，還是會忘光光。

所以，**你所在意的「那件事」，被你所在意的「那個人」記得的可能性近乎為零**。

說不定到了下個月，你自己也忘光光了。因此，如果還堅持「我不會放手，所以忘不掉的」，不覺得有點傻嗎？

人無法只靠「自力」改變，也要善用「外力」驅動

不過，我想大多數的人還是「明知道『應該放下』、『要拋棄成見做出改變』，但就是無法實踐」。他們會想著「雖然很難立刻做到，但只要堅持下去，或許就能找到某個方向或契機」，因而不斷嘗試。

他們想改變放不下「不合理．沒有用」的自己，努力要成為「放得下」的人，這樣的想法和付出都非常了不起，教人由衷地敬佩。

然而，**當人想要改變自己時，最糟糕的方式就是刻意去「改變自己的感受」**。意志力再怎麼強大的人，也難以「靠一己之力改變內心」，尤其是認

真的好人，越想要「靠自己的力量做些什麼」，越會把自己逼入絕境。

相反地，想要改變自己，最有效的方法就是善用自己以外的力量。不需要假手他人，也還有許多自己以外的力量可以運用，坦白講，只需要輕鬆看待就行了。

學習新事物——利用人際關係或情境的更新

無論是做瑜珈活動身體，或是每天去健身房都好。大家或許會很意外，但持續「學習新事物」帶來的效益非常可觀。

首先，**學習新事物可以建立與慣常生活圈完全不同的人際關係**。就算是不擅長溝通的人，也會因為目標一致，而能維持適切的距離感，自在地與他人相處。

此外，這個方法隨時都能重新開始，它不但可以追求環境的變化，「隨時都能脫離」也是極大的優點。

當然，如果有真正想學習的新事物，那自然再好不過；要是還沒有具體的方向，也可以選擇一項適合當前體力的運動，重點是不要太過勉強。

對挑戰新事物依然感到不安的人，則可以善用「失敗預留法」。

挑戰新事物之前，我們有時會擔憂「說不定做了也不開心，還可能因為不順利而放棄」，這常是我們遲遲下不了決心開始的原因。

這時，最有效的對策是「失敗預留法」，也就是**事先在心裡決定好可以失敗（放棄也無妨）幾次，而且次數要設定得比實際狀況多一點**。

舉例來說，事先設定「在找到適合自己學習的新事物之前，可以失敗十次」。這麼一來，就算挑戰後覺得「不太對」，也能告訴自己「反正這只是預演」，就不至於太過沮喪。

即使發現想學習的新事物，也開始挑戰了，還是很少有人能夠一舉「中獎」，馬上找到適合的選擇。持續學習下去的人，不是四處嘗試後才終於成功，就是運氣恰巧比較好而已。要是去了幾次還是覺得「有點不對」，就乾脆停止吧！

反正原本就預定「可以放棄十次」了，所以不必為了「自己沒有毅力」而沮喪，趕緊開始下一個挑戰吧！不斷地反覆嘗試，終究會遇到「正好適合你」的學習課程。

此外，據說行動時每拖延一次，「之後的痛苦就會增加兩倍」，要放棄已經開始學習的新事物也一樣，覺得「有點不對」時若不就此打住，之後就算感到無趣，也可能會拖拖拉拉地繼續下去。

靈活切換內心的角色——利用自己以外的他人之力

我有一個朋友，「雖然善於交際，卻不喜歡與人往來」。而她能夠自在社交的秘訣是，**「每次都扮演某個人物來與人互動」**。這個方法十分巧妙，看似單純，卻有著絕佳效果。

她所扮演的對象，據說都是電視上看得到的名人。

想讓場面輕鬆有趣時，她會模仿某位搞笑藝人。

與媽媽友開心聚會時，她會模仿某位有點毒舌，但還不算討人厭的藝文界人士。

在工作中要包容大家意見並進行引導時，她會模仿某位知名主持人。

她始終還是她自己，但這個方法卻效果驚人地減輕了她內心的負擔。

越是善良、認真的人，對於自己所說的每一句話，越會在意自己應負的責任，以及對未來造成的影響和結果，並因此焦慮不安。

然而，如果想成是「大家喜歡的那個名人就會這麼說」，無論最後能否說出自己的想法，內心都會變得輕鬆一些。

搬家——利用生活環境變化的影響

改變居住的空間或地方，也是非常有效的作法。

根據美國聖母大學的研究〔註③〕，**搬遷、移居具有讓人忘卻事物的效果。**我們的內心會受到生活環境的強烈影響，一旦住處改變，心情自然也有所變化。雖然搬家多少有一點麻煩，但透過改變住處，讓內心也順勢重整，確實是理想的策略。

至於要搬離多遠，則視個人的狀況和需求而定，我推薦的是不會影響工作或上學的「近距離搬遷」。在不必轉職的情況下，只要改變住處、重建鄰里關係，就是不錯的選擇；當然，搬到截然不同的環境，連工作一起換新，也是美妙的人生重啟計畫。

相對地，長期居住在同一個地方的人，等於要持續背負著過往的痛苦記憶。因此在人生中，「定期改變住處」或許是一則維護心靈健康的良方。

「想當個好人」，問題是出在「自我肯定感」

至今我們討論了如何察覺內心潛藏的「不合理．沒有用」、放下它們有何重要性，還有「如何不靠自己，而是利用自己以外的力量學會放手」。

認同這些論述的人，應該有不少都發現自己有自我肯定感低落的問題，我也是其中之一。

當我們日復一日地尋常生活，忽然意識到這一點時，確實會頗受衝擊；但察覺到自我肯定感低落，並且想努力改善，對人生來說是正向的發展。

「自我肯定感」的高低有很大程度取決於自己，因此想要提升是絕對可行的事。我說的是真的，以下就是提供給大家的建議。

只要覺得有壓力，就不必勉強當「好人」

有些人會被公認為「好人」，如果你就是這樣，還為此感到開心，那就沒有問題（**【放鬆區】**）；甚至你是有意要「成為別人稱許的好人」並據此行動，當然也很好（**【挑戰區】**）。

然而，要是你心裡覺得鬱悶或不認同（**【壓力區】**），就完全沒有必要當「好人」。越想當「好人」，實際上越可能事與願違；如果能放下「想被當成好人」的欲望，我們的人生某個程度上就算是無敵了。當然，我也不敢說自己已經百分之百放下這個欲望，還得繼續修行（笑）。

認清「讓所有人都喜歡」和「不被任何人討厭」是兩回事

你人生中最優先的事項，是「讓別人喜歡」、「被認為是好人」嗎？「即使犧牲幸福也要當好人」的人，會努力讓所有人喜歡自己。「被喜歡」、「被愛」聽起來很美好，但如果只是不想被討厭，就因此對他人言聽計從，那就很諷刺了。這等於是你親手捨棄了自由，主動讓他人捆綁自己。

「不是每個人都討厭我」，這樣的狀態剛剛好

有時候，我們或許會覺得自己被所有人討厭，但這十之八九都是過於誇大。從根本上來看，被喜歡和被討厭都是相當極端的情感，硬要把自己歸類在哪一邊，用二分法來界定，都是勉強而不合理的認知。

「不是每個人都討厭我」的狀態，才是我們應該追求的目標。**不需要勉強自己跟所有人相處。基本上，也沒有人可以這樣持續下去。**

能和周遭三成的人自在相處，就是成熟的大人

人對於自己的了解，往往非常有限。雖然「溝通能力」一詞常被提起，但如果不過度勉強自己去發揮或提升溝通能力，或許就不必太在意自我肯定感的問題。

人際關係輕鬆自在，這樣很好；稍微努力一點，積極因應帶有挑戰性的人際關係，那也很棒。目前為止，我們面對的都是相處起來沒有壓力的人。

那麼，在你的日常生活中，有多少人能讓你毫無壓力地相處呢？

如果周遭有三成的人是這樣，那就足夠了；反過來說，即便有七成的人你不太喜歡，這也足以是成熟大人的生活態度了。

如果周遭有五成的人能讓你相處起來沒有壓力，你就是對他人心胸寬大的賢者；如果到達七成，那麼你已經是「最頂尖的社交達人」。

這項觀點源自於某位思想家，在日常人際互動中，確實能有效地幫助我們放鬆心情。

不再苛求自己、正視內心感受，你會活得更自由

如果你抱著「不想被任何人討厭」的想法，在日常生活中恐怕就會時刻在意他人，讓自己處於內耗的狀態。

為了重新找回自己的人生，你有必要活得更自由。

當然，人不可能突然改變，所以我並不是要你直接去跟某個人說「我討厭你」。

關鍵在於，這些改變應該要慢慢來，一步步地加以調整。下面將提供四個方法，幫助大家逐步減輕自我負擔，然後向前邁進。

略微突破自己的常識——做出「有別於平常」的選擇

要打破束縛自己的常識並不容易，但只要開始產生變化，即便再怎麼細微，也會逐漸影響你的行動，最終造就重大的成果。

很多人都急於要一口氣（短期內）做出劇烈的變化，這會讓改變更加困難。因此，只要從最細微的小事開始即可。

- 換喝從未買過的飲料
- 進入從未造訪的店
- 閱讀從未看過的書
- 聆聽平常不會欣賞的音樂

這裡要再次強調，你不必只靠自己的力量勉強改變。只要給予自己小小的契機，讓改變能順其自然地發生，這樣就行了。

做完七成就稱讚自己——降低標準的「自責自誇法」

只要你還把「完美主義者」視為一種「讚美」，就不可能提升自我肯定感（能夠這麼想的人，其實都已經有很高的自我肯定感）。**不只是工作，如果連人際關係都要求自己做到一百分，本身就是一種傲慢**。

想跟周遭七成的人們沒有壓力地相處，需要對他人多一些包容，為此就必須改掉對自己過度苛求的完美主義。自己明明很努力，對方卻不認真，心裡可能就會不舒坦，所以首先要讓自己放鬆。

然而，認真的人往往很難放鬆，只要不夠完美，就會焦躁不安。所以，一定要先設下「做完七成就稱讚自己」的規則。

臉書創始人馬克・祖克柏（Mark Zuckerberg）有一句名言：**「完成比完美更重要。」**這句話確實說得非常好。

只要做完七成，就告訴自己：「我太強了，今天要好好犒賞自己！」這樣的心態剛剛好。從平時做起，養成「做完七成就稱讚的習慣」吧。

慢跑也一樣。據說，一般人在跑完目標距離的七成時，會覺得最難熬。明明已經跑完七成（！）了，有些人卻不知不覺提高了自我期待，開始認定「無法抵達終點的自己＝失敗者」。

所以，我們可以先確認自己的感受是否處在**【挑戰區】**，如果覺得有壓力了，就大幅放慢速度，換成用走的也行。

當然，也有像工作這種「不得不持續下去」的事，這時則要接受自己已經比應有的表現更努力的事實。

不要總是責怪自己「還不夠完美」，而是要衷心地稱讚「我已經做了這麼多」，好好肯定自己。

持續地讚美與肯定，會提升你本身的自我評價，引發更重大的變化。杯子裡的水是「只有一半」或「還有一半」，完全取決於你。而這樣的思維轉變，可以藉由日常的小心思慢慢加以調整。

分辨「自私自利」和「忠於自我」——用對的方式「做自己」

一聽到「忠於自我」，似乎就讓人有點惶恐，這是因為我們混淆了「忠於自我」和「自私自利」的概念。

「自私自利」是行動時不顧及他人的態度。

然而，**「忠於自我」的態度則是指勇於表達自己的意見。**

有機會和大家去吃午餐時，不妨試著說出自己想吃的東西。即使有朋友表示「不太敢吃印度料理」，要是你想吃，就可以偶爾請對方陪自己去，這樣他們也有機會嘗試平常不吃的食物。

如果因為和你共進午餐，讓對方體會到印度料理的美味，他們說不定還會感謝你呢。

當然，有時候也可能「最後還是選擇了義大利麵」，因為你「沒想到朋友比你更堅持自己喜愛的事物」。但這又有什麼關係呢？你反而應該慶幸有這樣一個朋友，會讓你「更願意尊重他的意見」。

重要的並非是勝過對方，而是「能夠表達自己的意見」這項事實。「因為沒有表達自己的意見（不說出想法）而鬱悶」的感受一旦消失了，就會讓人心滿意足。

另一方面，「自私自利」的態度則是「無論如何都不讓步，一定要吃印度料理」，這麼一來就會讓旁人有點困擾了。

請務必記得，「忠於自我」和「自私自利」之間有很大的區別。

反正以後還有機會吃印度料理，趁著這次溝通也能更了解朋友的喜好，可以說是皆大歡喜。

狀況不好時，可以延後約定——正視自己的感受

你非常期待和朋友碰面聚會，但是到了當天，卻忽然身體不適或情緒低落，大家應該多少都有過這種經驗吧。

突發的腹痛、頭痛、發燒或精神壓力……再怎麼注意健康，人都會有狀況不佳的時候。

即便在這種時候，你是否仍想要履行約定呢？如果你曾經如此，就代表你是個「好人」，會不自覺迎合他人的人都有這個共通點。

如果你身體不適或情緒低落，其實完全可以跟對方商量延期。要是外出時情況惡化、甚至倒下，那就麻煩了，你大概也會更加沮喪。

就算你們的約定是「僅限當天進行的活動」這種寶貴的計畫，取消還是更為明智，因為情緒低落可能是感冒的前兆，恐怕也會影響對方的健康。

如果你感冒了，說不定會傳染給對方（當然還有很多其他人！），即使最後發現是杞人憂天，也不要認為「明明沒事卻給對方添麻煩了」，而是應該想著「還好沒什麼事」、「幸好只是心情低落」，你完全有權利對自己溫柔一點。

「身體不適時，應該避免外出、好好休息。」我們在新冠疫情中學會了這樣的包容，以往覺得「坦白說出身體突然有狀況，會讓別人掃興」的心理壓力，也因此緩解了不少，這也算是不幸的災禍所帶來的正向改善。

還有一點，我就趁此機會直言提醒一下吧——**如果連身體不適都不敢告訴對方，建議你最好重新考量彼此之間的相處關係**。

強迫你「必須完美」的人，根本不值得你重視

你不需要責怪自己不夠完美，或是拿自己與他人比較，讓自我肯定感如雲霄飛車般攀上爬下、時高時低。

情緒的劇烈起伏，會在無形中給心靈帶來莫大負擔。

我們都知道，血壓或血糖波動過大對身體有害，心理狀態也一樣，劇烈起伏的自我肯定感會造成壓力，逐漸危害你、侵蝕你。

換句話說，內心的極端波動，對你來說是「沒有用」的事。

你可以活得更自由，以自己的感受為優先，然後捨棄所有的「不合理・沒有用」，這樣你一定會變得幸福。

因為，**你所應該重視的人，就算你不完美，也一樣會愛你。**

相反地，**那些強迫你「必須完美」的人，根本不值得你重視。**

所以，你不需要保持完美。

第3章

｜關係｜

放下期待，守護自己也尊重對方

人際關係的精髓，在於「不期待他人改變」和「不試圖改變他人」。
不對他人有所期待，能有效地保護自己，將失望的可能性降到最低，
不過，這個思考方式的本質還有更深刻的意義。
當我們對他人抱有某種期待，也等於是在間接地試圖控制對方；
反過來說，不對他人有所期待，
則是不試圖改變對方、尊重對方的自由，
不把自己的欲望或價值觀強加在對方身上，接受對方原本的模樣。
這在人際關係中是十分成熟的表現。

有些人就是想利用你的「好人性格」占便宜

第2章曾經提過，「越是認真的好人，往往越會過度努力」。

當你因為過度努力而備感艱辛，最讓人頭痛的就是那些想方設法，要利用你的「全力以赴」謀取好處的人，善良的人反而會因此吃虧。

有人利用你的**「謙遜」**獲得優越感。

有人利用你的**「客氣」**奪取你的時間和精力。

有人利用你的**「努力」**讓自己落得輕鬆。

當你發現自己「明明很努力卻不見成果」，你的周遭可能就有這些「努力吸血鬼」的存在。

說不定，你自己已經意識到了這一點。

那麼，你為何會心甘情願地為狡猾的「那個人」付出呢？

這是因為，在你的內心深處，還在期待「那個人」會有所回報。

「總有一天，那個人會改變想法，然後給我回報。」

你是不是這麼想呢？

期待善意獲得回報，會掉進不斷付出的陷阱

很多人都因為《被討厭的勇氣》而知道了著名的阿德勒心理學，甚至已經實際讀過了這本書。

這個書名字面上的意思，是提醒我們「不要害怕被討厭」；不過，這並非是指「不要害怕惹怒別人」。

若以本章的角度來解釋，則是**「不要勉強自己去討好他人」**。

阿德勒心理學教導我們，不要對他人有所期待，也不要認為自己能影

響他人。換言之，**我們能夠影響的只有自己，因此「我」要如何活著，才是最重要的**。

讓我們記住這一點，再回到先前的話題。

好人往往會親切地對待自私的人，希望對方理解自己的善意，並以相同的方式行動，最終給予自己回報，這卻使他們掉進了期待的陷阱。面對善意未必有所回報的事實，好人早已精疲力盡，卻依然在不斷地付出。

想解決這個問題，就必須捨棄對他人的期待。我們可以控制自己，但無法控制他人，與其在意他人的回報，反而更應該重視本身的行動是否符合自我的價值觀。

這麼一來，即便善意被他人利用，也不會感到失望；當行動與自己的信念一致，就能從中獲得滿足感，不會因此讓身心燃燒殆盡。

阿德勒也說過，你可以把人帶到水邊，但喝不喝水得看那個人自己。

這絕不是在說善意不會有所回報，而**是當我們將自己的善意從他人的反應中獨立出來，基於自己的價值觀而行動，才有能力維護自己的幸福和他人的立場**。

獲得幸福的必要思考——除了自己，沒有人會改變

基於自己的價值觀行動、放棄過度的期待，能夠保持心理健康——這是阿德勒心理學教導我們，關於善意的界限並對其管理的方法。

人類最大的問題，就是常有過度的期待，認為「事情應該如己所願」，或是「我們應該如自己想像中被愛」。

人際關係的精髓，在於「不期待他人改變」和「不試圖改變他人」。按

照先前的說法，就是「不要強人所難」。

對方可能在不久的將來變成「好人」，也可能不會改變。

但我要再說一次，基於對未來的期待或不安而犧牲了「現在」，實在是太可惜了。

「除了自己，沒有人會改變。」這種想法或許讓人感到寂寥，時而有些痛苦，卻是獲得幸福所必要的思考。當我們開始思考要如何應對身邊的「努力吸血鬼」，才算是走上了接近幸福的道路。

就算不合拍，也不必歸咎於自己

先前已經再三提及，「不要什麼都歸咎於自己」，這一點很重要。

在人際關係中，我們不應該試圖改變他人。

同樣地，如果別人沒有改變，我們也不應該認為是自己的錯。
「那個人不理我，是我的錯。」
「那個人心情不好，是我的錯。」
「我家的孩子不聽話，是我的錯。」……
當你應該體諒對方，對方也應該要一樣體諒你；但有時就算互相體諒，也未必能順利相處，畢竟每個人的思考方式都不相同。

「不對他人有所期待」，就是「不試圖改變對方」。

「不試圖改變對方」，就是「尊重對方」。

換句話說，不對他人有所期待，並非是冷漠或放棄的態度，而是尊重對方的相處方式。

不對他人有所期待，是人際關係中成熟的表現

先前我們透過阿德勒心理學的視角，說明了「不要對他人過度期待」的重要性，以及保有自身行動和情感支配權的意義，並且提到這些是維護心理健康的要訣。

然而，這樣的理解不只是為了避免對他人失望而採取的防衛措施，更深入地探討，不對他人有所期待，也是人際關係中顯示尊重與成熟的表現。

首先，不對他人有所期待，確實可以有效地保護自己。期待與失望有著密切的關係，不抱期待會將失望的可能性降到最低。

不過，這個思考方式的本質其實還有更深刻的意義。

當我們對他人抱有某種期待，無論是有意識或無意識地，都是在試圖控制對方；反過來說，不對他人有所期待，則是尊重對方的自由，不把自己的

欲望或價值觀強加在對方身上，接受對方原本的模樣。

這樣的態度，在人際關係中是一種成熟的表現。人就算能控制自身的行動，也無法控制他人要怎麼做，而對他人有所期待，等於是在間接地試圖控制對方。

因此，不對他人有所期待，就是只控制自身的行為，並且尊重對方的自由，是十分成熟的態度。

不對他人有所期待，能確保我們的行動和情感步入正軌，同時守護他人的立場與自由。

關係再怎麼親密，也應該尊重彼此的想法、理解雙方都有各自認同的正確，這種成熟大人的態度會讓你的內心更輕鬆自在。

當然，有時我們還是會覺得「再怎麼說，這樣也太超過了」。

我們沒有必要壓抑這種憤怒的感受。

但正因如此，我們也應該對他人展現寬容。

當心裡覺得「無法原諒」、「那種態度太過分了」，可以想想「對方或許有什麼苦衷」。

即便無法原諒對方，如果能放下自己的情緒，也可以拯救自己的內心。

然後，默默地走開、與對方保持距離，這才是成熟的大人。

和偶像保持距離，更能享受追星的樂趣

先前，我曾在網路上看到一篇關於「偶像與粉絲結婚」的報導。

那位男性是某位女性偶像的忠實粉絲，那位偶像引退後，他們便開始交往，最後修成正果結婚了。

我心想「原來也會有這種事啊」，便唐突地問了熱衷追星的朋友一個問題：「跟偶像結婚，應該是粉絲的終極夢想吧？」

朋友的回答卻是否定的。

他說，無論是朋友、同事或家人，**對於和自己親近且經常接觸的人，我們總會漸漸地隱約感到不滿或生氣**。

在一般的想像中，與對方距離越近，關係應該越親密，他卻認為，「保持一定的距離時，每個人看起來都很好相處；一旦距離變近，就會看到對方懷有心機或自私任性的一面，進而不快或生氣」。這種狀況無一例外……

在日常生活中，我們無可避免地會跟某些人處在比較接近的距離，像是同事或家人，因此他認為，人際關係在某種程度上，總含有一些莫名的不滿或怒氣。對他而言，就是因為彼此之間有距離，他才能純粹地享受追星的樂趣，所以他「並不想和偶像有更親近的關係」。

我不禁心想，「這是多麼成熟的態度啊！」

他無疑是個認真面對生活、享受人生的達人。

（除此之外，他還有許多值得敬佩的地方，是我寶貴的朋友。）

人際關係需要「畢業」時，請心懷感謝

對人際關係來說，也有需要「畢業」的時候。如果永遠困在某段關係之中，就跟留級沒兩樣，即使再不願意，我們也必須往前走。

無論哪一種人際關係，都會隨著時間變化，偶而也會難以維持適切的距離感。在這種情況下，或許就意味著「畢業」的時刻到來了。

在偶像與粉絲的關係中，偶像本身可能會引退、單飛而「畢業」；粉絲也會因為偶像轉型或發生醜聞，不得不從粉絲的身分「畢業」。

即使是感情緊密的朋友，也會因為生活環境的變遷，導致價值觀漸行漸遠。夫妻可能分開，親子之間有時也需要拉開距離。

在任何情況下，都不能要求對方「應該如何」，也不能讓對方逾越分際地要求你「應該如何」，這是最重要的事。只有單方面施壓索求著「應該如何」的關係，很快就會變成「負債」，必須選擇放手。

這就是所謂的「畢業」。

人就是在不斷地「畢業」之中，編織著自己的人生。

如果你被沉重的羈絆所困住，請勇敢地考慮「畢業」。

如果你正在為某段關係不能長久而憂傷，從某種意義上來說，你其實已經「畢業」了，應該要好好稱讚自己。

因為，你已經成為一個能再度與全新對象建立關係的人了。

將社群媒體視為單純的工具，開啟連結的機會

社群媒體已經成為發現、建立新連結的常見媒介，透過交友軟體找到交往對象，在如今也是司空見慣。

儘管如此，還是有些人對社群媒體或交友軟體敬而遠之。人和工具之間有所謂的相容度，如果覺得「不適合自己」，保持距離也是一個方法。

不過，就我個人而言，我倒認為這樣的服務沒什麼不好。

這並不是因為「網路或數位在某方面特別優越」，而是我不希望大家在與他人連結、相遇，或是從關係中「畢業」時，總是心存遲疑、有所顧忌。所以，我不想否定這樣的接觸方式。

如果受制於「不適合自己」的成見，因而遠離了與他人連結或相遇的機會，我們就會無法畢業，永遠受困在痛苦的關係裡。

即使面對同一個人，我們的內心也會在**【放鬆區】**、**【挑戰區】**和**【壓力區】**往返徘徊。感知當下心境所處的區域，適當地拉近或拉遠距離，絕不是自私任性的行為，反而對雙方都有益。

就像合宜地使用社群媒體或交友軟體一樣，**「在適切的距離感中享受與他人的交流」，這也是人們在未來生活中必備的基本教養。**

要留意那個一直羨慕著他人的自己

當一個人開始考慮使用社群媒體，就是進入了**【挑戰區】**。

當然，還有人早就處在可以開心享受的**【放鬆區】**。

不過，應該也有很多人對社群媒體莫名地感到疲憊，這樣的人則是處在**【壓力區】**。

而造成壓力的原因是，社群媒體不只是用來開心聊天的工具，同時也有著「展示自我」和「注視他人」的強烈傾向。

人總是在意他人的狀況，也想展現自己美好的面向，正是因為這種「想看」、「想被看」的欲望，讓我們被社群媒體深深吸引。因此，ＩＧ比Ｘ（前Twitter）受歡迎，TikTok又比ＩＧ更有人氣。

然而，這種「想看」、「想被看」的欲望，其實十分危險。

「想看更多」、「想讓自己顯得更好」的念頭一旦開始增生，就會漸漸失控、難以止息。

根據社會心理學家（註④）的說法，我們會因為想了解自己，而不自覺地跟他人比較。若是如此，個性越認真的人，就越想了解自己，也更容易跟他人比較。他們會一直這麼做，陷入「自己怎麼會如此糟糕」的苦惱。

只是在社群媒體上享受隨興的聊天，這樣還好。

一旦開始「想要看見更多」別人的狀況，就需要小心了。

因為，人類是一種無法不跟他人比較的生物。

與他人比較沒有任何好處，我們還可能因為不想認輸，於是開始逞強地美化自己。這麼一來，你的人生不僅無法擺脫「沒有用」的事物，還會背負更多滿載著各種「沒有用」的重擔。

到了那時，你就會難以「坦誠地說出真心話」，或是「與幫助自己、支持自己的人建立連結」。

那麼美好的人真的存在嗎？

社群媒體上有許多社交名人，他們的光鮮亮麗其實只是片面的表象。

為了打造出這一面，他們付出了極大的努力和辛勞。你一定也聽過許多藝人感嘆，想長期保持良好的形象有多麼困難。

那些擁有聲望與財富的名人，因為身體出狀況而停止活動的消息並不少見。連靠著眾人協力打造而成功的藝人都難以承受了，一般人想要在社群媒體上持續發布內容，展現充滿魅力的樣貌，想必更是苦不堪言。

實際上，一直都有社交名人為了維持自己美好的一面而被迫說謊，最終釀成醜聞或悲劇。因此，我們務必要遠離這種痛苦。哥本哈根大學的實驗結果〔註⑤〕也告訴我們，不使用社群媒體會提升幸福感。

再重申一次，合宜地使用社群媒體、「在適切的距離感中享受與他人的交流」是一件好事，但要是發現自己有了「想看更多」、「想讓自己顯得更好」的欲望，可就要小心留意了。

第4章

｜物品｜

內心的整理，從丟掉寶特瓶開始

不要輕忽物品對內心的影響，
當不必要的東西越堆越多，不僅占據生活空間，也會逐漸侵蝕內心。
設定好「從什麼開始」的規則、用提示減輕「不得不做」的壓力，
整理、打掃就會變得更容易。
買完東西的心情，會在滿足或後悔之間搖擺不定，因此難以預測，
總是擔憂「到底會是哪一種」，就無法享受購物的樂趣。
無論決定買或不買，重要的是別責怪自己，
至少你已經向前邁進，沒有再浪費更多煩惱的時間與心力。

即使面對物品，我們也會被過去和未來所束縛

「物品」與「內心」一樣很難處理。

即使面對物品，我們也同樣會被過去和未來所束縛。

物品會基於各種原因增加。當我們被東西包圍，往往會忍不住問自己：

「真的有必要留著這個嗎？」

但順勢丟掉了又很快後悔，恐怕是誰都不想一再重複的經驗。

「把這個丟掉，將來說不定會後悔。」

一想到這兒，就讓人很難放手了（我也是這樣）。

就算現在完全用不到，但因為當初是用高價買下的，出於不想浪費的心情，我們便找藉口說服自己「將來一定用得到」，終究還是保留了下來。這也是家裡的東西會越堆越多的原因。

然而在現代，「擁有很多物品」不一定等於「富有」和「幸福」。

擁有太多物品，也會帶來不少壞處。

當不必要的東西持續增加，不僅會占據我們的生活空間，也會逐漸侵蝕我們的內心，讓我們在精神上內耗而疲憊。

因此，絕不要輕忽物品對內心的影響。

「垃圾屋」裡不會住著身心健全的人

「物品不僅會占據居住的房間，還會消耗內心的空間。」

請大家要牢記這一項原則。

物品（有時甚至是垃圾）會越堆越多，往往是因為「怕麻煩」所致。

「整理東西很麻煩。」

「拿去丟掉很麻煩。」

「記住哪天要倒垃圾很麻煩。」

「特意打電話請清潔隊來回收，更是麻煩中的麻煩。」

「說到底，連思考自己需不需要這個東西都好麻煩。」

因為怕麻煩就放著不管，很容易讓我們誤以為「不整理＝輕鬆」。

然而，這種輕鬆就代表我們處在【放鬆區】了嗎？

我曾經去過兩位朋友的家，幫他們整理物品。

雖然他們聲稱「家裡髒亂也沒關係」，但這句話其實是指「乾淨當然最好，但雜亂『也』沒關係」（＝勉強可以忍受），終究還是會不舒服。

雖然「不舒服」，但萬能的「沒關係」便足以讓他們獲得慰藉。

這種「自我欺騙」的行為，如果是出自無意識，那就是一種「成見」。

就如先前提過的，我們自己很難察覺這種「成見」，而更意外的是，我們甚至沒發現自己正處於「不舒服」的狀態，只是沒來由地感到不適。

「住在雜亂的空間」所造成的負面影響，與其說是直接的不適感，持續用「沒關係」這種說法來欺騙自己而累積的精神壓力，才是更嚴重的問題。

明明覺得難受又不舒服，卻壓抑住這種情緒，持續用「沒關係」欺騙自己，當然會覺得疲憊，因為此時的內心完全是處於**【壓力區】**。

所以，讓我們好好開始整理吧！

對你來說必要的東西，真的有那麼多嗎？

整理達人近藤麻理惠的「怦然心動整理法」——「只留下讓自己怦然心動的物品」，確實是很棒的方法。然而，只有在你是以**【挑戰區】**的心情面對雜亂的房間時，這個方法才適用。

畢竟，要逐一確認每件物品是否「讓自己心動」，這整個過程就十分麻煩；一旦覺得「麻煩」，我們便會進入**【壓力區】**。因此，不要仰賴「怦然心動整理法」，來找找其他點子吧！

「極限測試」——家裡失火了，你會搶救什麼帶出來？

有一個方法可以確認「對自己來說，必要的東西是什麼」。

想像一下你家發生了火災，必須立刻逃離，而你只有兩隻手，你會選擇帶走什麼貴重物品呢？

在這種情況下，當然不會有「怦然心動整理法」所說的「心動時間」。

如果是從前的人們，應該會選擇「存摺和印章」吧，感覺我生於昭和時代的父母就會這麼說。可能也有人會先想到裝滿了紀念照的相簿。

就我而言，我的紀念照都存在 Google 相簿裡，所以可能只會帶著手機逃命，其他什麼都不帶，反正生活所需的物品都能在百元商店裡買到。

只要想到「在緊急時刻，真正需要的物品大概就是那幾樣」，丟東西時的心情也會變得輕鬆許多。

設定好「從什麼開始」的規則，降低整理的壓力

為了「以防萬一」，也為了某些要「立刻執行」的時刻，了解整理雜亂空間的具體方法，是很重要的事。

人類很不擅長「做選擇」，例如一旦要開始「整理」，光是「從哪裡著手」就讓人大傷腦筋。某些人可能覺得這是小事，但往往正是這種「雞毛蒜皮的煩惱」，造成了房間的雜亂。

反過來說，只要能設定好「從什麼物品開始整理」的規則，壓力便會大幅降低，讓打掃變得更容易。

或許你會覺得不足為奇，但這個「設定規則的方法」，效果非常顯著。

❶首先，收好家中的寶特瓶

每個住家都會有寶特瓶。其他的物品、行李或垃圾可以暫不理會，先將所有的寶特瓶，全都收集到手邊可以取得的塑膠袋裡就好。

如果瓶中有剩餘的液體，就先倒進水槽，再放到袋子裡（可以的話，最好洗乾淨並撕掉標籤）。

如何，光是這樣就已經讓空間變得清爽許多吧？

這麼一來，剛才還無從下手的整理工作就向前邁進一步了，真棒！

此時，可以稍微注意一下自己心境的變化。

關於整理屋子，你的心境可能已經從**【壓力區】**轉移到**【挑戰區】**。要是這樣就太好了，這代表你即使不再往下讀（但我還是希望你看看其他的章節），也能自行完成清理工作。

就算心境沒有變化也無妨，只要依循後續的步驟再逐一整理就行了。

❷收好各種鐵罐、鋁罐

收集空的啤酒罐和其他空罐。方法完全一樣，只要盡可能把它們收進手邊的塑膠袋，然後放在玄關或不常使用的房間，在指定的日期拿去回收。

❸收好餐食或廚餘等和食物相關的垃圾

收好沒吃完的餐食、包裝紙和其他所有與食物相關的垃圾。

你可能會覺得丟掉還能吃的食物很浪費，雖然確實如此，但現在更重要的是放鬆你的內心。

讓珍惜物品的你恢復元氣、重新振作，才是當務之急。

④收好廢紙及可燃垃圾

房間裡如果堆積了大量廢紙或文件，全當成「可燃垃圾」處理。

覺得「或許會用到」的文件，可以用手機拍照存檔，就不怕將來後悔。

最棘手的是雜誌和書籍。

因為這些東西「不能隨手扔進塑膠袋」，光是這樣就足以削弱你「整理房間」的決心。

別擔心，只要丟到紙箱裡就沒問題。接著再透過二手書的宅配收購服務脫手，不用等到廢紙回收日，也能「立刻」處理。（日本有些二手書線上買賣平台會提供收購服務，只要將書打包寄送給平台估價，就能以此換取現金或優惠券，輕鬆處理掉不需要的書籍。）

⑤收好衣物

衣物是相當難纏的敵人。

「明明買了不少新衣服，卻總是覺得沒有衣服穿。」

「找不到立刻就能穿的衣服。」

「不知道衣服被扔到了房間的哪裡。」

衣物最常遇到這一類「不知去向」的問題。明明不可能找不到，但看到因為亂丟而堆積成山的髒衣服，內心也彷彿遭遇了「山難」……

衣物就是這麼麻煩的東西。

因為「不會收拾衣物而失去生活動力」，這種情況時而可見。

跟寶特瓶和廢紙一樣，把衣物都塞進塑膠袋吧！

用手機搜尋附近的自助洗衣店，把塞進大型垃圾袋的髒衣服，全部集中清洗再一起烘乾，只要做到這一步就行。

之後，可以繼續把衣服放在袋子裡，只要衣服是乾淨的，你的內心便會輕鬆許多。

執行完前面這些任務，整理就算結束了。

至此，「內心獲得整理」的目標也可望實現。

接下來的規則是──**「一年都沒有使用的物品就放手」**。

或許你有過「狠下心丟掉東西，結果卻後悔了」的經驗，但現在最優先的事項，是要讓自己的內心至少輕鬆一些。

除了先前在「極限測試」中「無論如何都要帶出火場」的貴重物品，其他都可以放手，等需要時再準備即可，其中大部分都能在百元商店買到。

就算現在丟掉的每件東西，未來都要重新購置，至少在此之前，讓你的房間和內心先獲得整頓、清理，才是更重要的事。

不用想著「必須」整理，借助提示就能自然完成

在玄關或廁所等顯眼的位置，多準備一些大容量的垃圾袋會很有幫助。「現在很想整理房間！」的決心，往往突如其來、難以預料，如果當下找不到大容量的垃圾袋，很可能就會失去執行的動力。

所以，**最好將大容量的垃圾袋放在容易看見的地方（數量越多越好）**，**然後在日常生活中靜待「那個時刻」的到來**。當然，也不需要每次一看到垃圾袋，就責備自己「怎麼總是沒有整理的心情」喔！

實際上，這個方法也有助於養成清理的習慣。全球知名的工作效率大師大衛・艾倫（David Allen）說過，「不得不做的事」會讓人感到麻煩，是源自於一直想著「不得不做」所形成的壓力。想克服這個問題，就是不要掛在心上，事先做好準備提醒自己即可。

一直在心裡想著「必須打掃了」，只會讓人越來越厭煩。因此，告訴自己「不一定要現在做」，就把這件事拋諸腦後吧！

然後，在玄關放置垃圾袋，等你準備出門時，自然而然就會想到「啊，順便把垃圾收進袋子裡好了」，隨手完成簡單的清理。

如果當天剛好是倒垃圾的日子，則直接拿出去丟掉，只要這樣就好。（日本的生活垃圾分為可燃、不可燃、資源回收和大型等種類，每一種垃圾都有固定的收集日期和次數，住戶必須按照規定時間放置在收集區以便回收。）

事先做好準備提醒自己，平時就能安心地把這件事忘掉，不用逼自己一直掛記著，這就是習慣養成的關鍵。

買或不買？我們總在滿足和後悔之間糾結

到目前為止，我們討論了物品的過去，以及購買之後的情況。為了放鬆並在內心留出空間，現實中的住處也需要留出物理性的空間。為此，我們提供了不少「斷捨離」的技巧。

接下來要談談物品的未來，也就是「購物」的要訣。

談到購物，通常都是討論無謂浪費的問題；然而實際上，對購物很傷腦筋、買不下手的人出乎意料地多。

購物其實是相當困難的行為。

「要是很快就用不到，不就變得浪費了？」

「會不會買回來發現不太一樣，結果就後悔了呢？」

「說到底，真的需要這個東西嗎？」

就像這樣，**「需要」和「想要」的心情，往往會和試圖否定這種心情的感受「彼此拉鋸」。這種時候，你是否會因為對未來的不安，而在當下選擇了「忍耐模式」呢？**

當這兩種感受彼此拉鋸，果斷決定「好，買吧！」的門檻就會提高，讓我們對購物產生抗拒心理。這麼一來，我們將失去和新事物相遇的機會，生活本身也會欠缺色彩，嚴重時可能連必要的物品都買不下手，我們都希望能避開這種難受的經歷。

會造成這種情況的原因，還是與未來有關。為購物苦惱的人對未來的想像，往往只有滿足或後悔這兩種結果。

你可能會想，不是本來就只有滿足或後悔這兩種結果嗎？

不，人心沒有那麼簡單。

不管買了什麼，每個人內心的天平都會在「買對了的滿足」和「不如不買的後悔」之間搖擺不定，大家都是這樣。

能夠真心覺得「買對了」，是非常幸運的事，因為人的情緒總是習慣偏向後悔這一側。因此，我們會努力製造各種理由，以便往滿足的方向靠近。

「哪天需要時沒有的話會很困擾，所以買下來是對的。」

「比起便宜的那一款，這一款在某些方面更優異，所以買對了。」

「現在還不知道為什麼，但總覺得有一天會慶幸自己買了，所以這樣還是挺好的。」

第三個理由實在很牽強是吧？你是否也為自己找過如此牽強的理由呢？不必自責，因為每個人都做過這種事。

為購物苦惱的人，或許就是回想起自己從前找過了太多這樣的藉口，才會感到疲憊。

「當下」是購物之樂持續最久的一刻

買完東西後的心情，會在滿足或後悔之間搖擺不定，因此難以預測。如果總是擔憂「不知道會是哪一種」，就無法享受購物的樂趣。

前言中曾提過，不能因為過度擔憂未來，而浪費當下可以享受的幸福。這個道理也適用於購物。

有句話是這麼說的——「當下是餘生中最年輕的一刻。」

但我想說的是：**「當下是購物之樂持續最久的一刻。」**隨著日子推移，感到開心的時間也會遞減，變得越來越短。

按照先前的建議，當你難以決定時，可以根據**【挑戰區】**、**【放鬆區】**和**【壓力區】**來確認自己的心態並做出判斷。

決定要不要買時，照理說也應該這麼做，但在這裡我想建議大家，如果拿不定主意，只要有能力買得起，那就買下吧。畢竟，如果是原本就買不起的東西，也沒什麼好煩惱了。

大家應該聽過「寧可做了後悔，也不要後悔沒做」這句話吧；在這個情境下，或許可以改成「寧可買了後悔，也不要後悔沒買」。購物本來就是一件愉快的事，既然如此，就充分感受這樣的樂趣吧！

如果是用三種「內心區域」的劃分方式來考量，購買後也更容易調適心情。只要掌握這個要領，就能向前邁進。

❶【放鬆區】——買完後心情開朗愉快，代表內心的天平已經偏向滿足的一方，這是再美好不過的事了，請盡情享受吧！

不過，有件事希望大家別誤解，那就是不要覺得自己「這次賭對了」。一旦這樣想，就會產生「下次說不定會賭輸」的念頭，讓思考再度陷入沉重的負面循環。

重要的不是「得到滿足」的結果，而是「買下來了」、「沒有浪費時間煩惱」、「能夠享受最久時間」的事實，你應該為自己的行動力感到驕傲。

❷【挑戰區】——絕大多數苦思後的選擇，往往都會讓人覺得「既滿足又後悔」，難以明確地判別。

這種模稜兩可的感受，無論好壞，都是稍微突破自我的證明。在本書中一直提倡要稍微突破平常的自己，所以這是自己產生良好變化的徵兆，這樣的【**挑戰區**】將有助於你的成長，因此請積極、開心地享受買到的東西吧！

比方說，可以多跟朋友聊聊自己買到的東西，這時或許會脫口說出這次購物尚未被你察覺的「好處」。

很多時候，即使內心明白，但就是表達不出來，透過向他人訴說，才會忽然發現原來還有這些「好處」。

❸【壓力區】——先前曾提過，如果有能力買得起，只是還在猶豫，那就買下來吧。即便結果不盡如人意，這也是讓自己發生變化的機會，所以好

好享受其中吧。

然而，**如果覺得自己的天平會明顯偏向後悔，內心也變得沉重，那還是直接放棄吧！總會有更好的選擇出現。**

這時重要的是，不要責怪自己「啊，又沒買成了」。到目前為止，你已經完成了一件事，那就是——沒有把時間浪費在「因為買了東西而煩惱」。

你沒有浪費自己人生中的時間。

或許多少會覺得遺憾，但你已經向前邁進了。

好好稱讚一下自己吧！

第
5
章

| 時間 |

你的不安，有 91.4%不會成為現實

研究顯示，對未來的不安有 91.4%都是杞人憂天，可以直接無視。
盡情享受當下，永遠是讓人生豐盛的關鍵；
與其嘆息「為何不是那樣」，不如珍惜「現在就是這樣」的狀態。
孩子們能無憂無慮地享受每件事，
就是因為在任何情況下，他們都只專注於「當下」。
他們不會遺憾「為何不是那樣」，然後渴望著另一種「現在」，
而是徹底享受「現在，就是這樣」的狀態。
能在自身的處境中感受快樂、發現趣味，才是最重要的事。

許多憂慮都是毫無根據，不祥的預感也多會落空

擔心未來是沒有意義且愚蠢的事。可以斷言的是，這不僅毫無益處，還會讓自己的內心受苦。實際上，研究結果也顯示——「我們對未來的不安，幾乎都不會成為現實」。

二〇二〇年，美國賓州州立大學進行了一項非常有趣的研究〔註⑥〕。研究人員讓二十九名受試者記錄自己十天之間內心所浮現的擔憂，然後再調查這些擔憂是否有其根據。

結果在這些擔憂之中，出現最多的是「毫無根據的擔憂」；除此之外，在針對「有所根據的擔憂」進行為期三十天的追蹤調查後，竟然有九十一・四%的狀況實際上都沒有發生。

這個結果告訴我們，讓我們日夜煩惱的這些擔憂，往往偏離了目標，而且幾乎不會成為現實。

當我們被種種擔憂糾纏而飽受煎熬，這些感受會顯得十分真實，但那只是心中湧現的不安在作祟。

因此，只要明白這個事實──「許多憂慮都是毫無根據，而且絕大多數不祥的預感都會落空」，內心就會輕鬆許多。

我們的內心，總在尋找擔憂成真的微小可能性

即便如此，我們的內心依舊難以擺脫「不安」。

我們的內心，總在不自覺地尋找「擔憂成真的微乎其微可能性」，並且將其視為「必然會發生的事」。

這麼一來，我們就會深信「根本不可能發生的不安結果」將是「確定的未來」，因而感到恐懼。這種「杞人憂天」的心態會浪費人生，讓我們無法「活在當下、享受此刻」，所以務必要設法改善。

要怎麼做，才能無視那九十一．四％的無謂憂慮？

就如先前提過的，有九十一．四％的「不安」都是杞人憂天，可以直接無視。但對「內心」來說，這其實非常困難，因為我們的內心總會不由自主地聚焦於不安。

明知道恐怖電影讓人害怕，還是忍不住會去看，應該很多人都有過這種經驗吧？

當我們的內心察覺到某種不安，就會一直緊盯著不放。

實際上，你正在關注的可能是「剩下的八．六％」。

聽到「九十一．四％的擔憂可以直接無視」，本來心情應該變得輕鬆，卻又開始擔憂自己會不會剛好是「剩下的八．六％」。

這種感覺我懂，因為我也曾經是如此。

但是，這樣不是很累嗎？

而且，不覺得這種想法太悲觀了嗎？

停止這種「無法享受當下」的生活方式吧！

聽起來或許有些誇張，但這是在浪費生命。

嚴格來說，**「現在感受到的不安」並非是「未來的不安」，而是我們在當下針對未來所刻意引發的焦慮。**

要改變無法預知的未來非常困難，但「當下」可以立即改變。

也就是說，這些不安可以馬上消除。

用這句「咒語」，改變內心關注的焦點

因為未來的某種微小可能性，而讓現在的內心充滿不安，是很不健康的狀態。對於微小的可能性，減少不必要的擔憂自然非常合理，更重要的是能保有健全的心境。幸好，有個不錯的方法可以做到這一點。

這個技巧能幫助你取回內心的平衡，做法也很簡單，只需要專注於「當下」，然後將不安的感受轉換為以下的說法——

「未來也一樣，幾乎百分之百沒問題。」

這句咒語可以驅散對未來的焦慮，讓我們專注於當下。

無論什麼事，表達時強調的重點不同，給人的印象就會大相逕庭，甚至會因此影響重要的決定。這在心理學中稱為「框架效應」（framing effect），

而這句咒語就是運用了這項心理效應。

當一個人感知損益得失的標準改變時，對於價值的感受也會改變。接著就來看看具體的例子吧。

以下的廣告文案，你會想選擇哪一則呢？

❶ 90％的購買者都實際感受到效果！

❷ 10％的購買者覺得沒有效果。

我想一定是更偏向❶吧？雖然兩則文案說的完全是同一件事，但對於這種「要發揮功效讓情況好轉的商品」，描述「優點」的❶文案會更容易打動人心。

許多廣告正是巧妙運用了框架效應，而我們也可以在個人生活的層面，靈活地運用這些心理技巧。

接著再回到正題。「未來也一樣，幾乎百分之百沒問題。」這句咒語有哪個地方運用了框架效應呢？

因為它改變了「內心無意識所關注的焦點」。

我們往往習慣一個勁兒地望向未來，也就是把視角放得太前面；為了保持內心的平和，有必要不時把視角拉回眼前、聚焦於當下。

對比一下「令人不安的未來」和「確實存在的當下」，後者顯然更能減輕負擔與傷害，不是嗎？

「九〇%以上」和「近乎一〇〇%」也一樣，你可以選擇讓自己覺得更輕鬆的那一個。

可以隨心所欲改變自己內心關注的焦點，真是很棒的事，對吧？（只不過，一旦產生成見，事情就會突然困難起來。人的內心真是複雜啊！）

一路上都在想事情，回過神來已經到家了……

我們的內心總是在捕捉「未來」，對「當下」卻漫不經心。

「回家的路上一直都在想事情，不知不覺竟然已經到家了，卻不太記得自己是怎麼回來的。」

你有過這樣的經驗嗎？（我有過好幾次）。

這等於完全沒有活在「當下」，輕易捨棄了寶貴的樂趣。

覺得「自己經常發生這種事」的人，代表你的思緒過度投注於未來，進而「忘記了當下」。請務必小心留意。

這種內心運作的狀態一旦成了習慣，對未來的擔憂將占據掉你大半的人生，進而讓你失去本該細細體會的「當下」。

有一位相熟的精神科醫師曾告訴我，抱持煩惱的人常會把這句話掛在嘴邊——「真希望能遇見好事啊。」

換言之，他們是把焦點放在未來而非當下，所以才會活得很「疲憊」。

這時，如果把口頭禪改成「好事要來了！」、「好事會發生的！」等現在式的肯定句，就能把焦點重新拉回當下，生活也更容易有充實感。

專注於當下，就是讓人生豐盛的關鍵。

確實去感受眼前真切存在的幸福吧！

有一位加拿大心理學家曾在著作中列舉了一些關於幸福的提示，最後是以「撫摸在路上偶遇的貓」做為結束。

現在，你正偶然遇見了一隻可愛的貓。
輕輕地撫摸牠，感受牠的柔軟和溫暖。
與這隻貓心靈相通，讓自己的內心也變得溫柔……
絕對不要錯過這樣的「小確幸」。
現在，確實去感受眼前真切存在的幸福吧！

現在，沉醉於手中的杯子裡飄出的芳醇咖啡香。
現在，默默祝福眼前正與你閒聊的人。
現在，感受微熱的水淋遍全身帶來的放鬆與舒暢。
現在，為了在 YouTube 發現的有趣頻道開懷大笑。
仔細想想，「當下」的我們一直在忙著享受生活，哪裡還有「擔憂未來的多餘時間」呢。

越是對現在感到遺憾，越要專注於當下

當我們能專注於當下，一旦當下被「搞砸」了，有時也會更加失望。

此時，我們通常會有兩種不同的態度——

❶對「不如預期的狀態」感到遺憾。

❷對「意想不到的事件」覺得幸運。

一般來說，擁有❶這種想法的人，通常希望「事情能如預期發展」，所以他們還是更關注未來。

抱持❷這種想法的人，對當下則有更高的「接受度」。總的來說，他們的幸福感也更高，因為他們能在艱難的時刻把關注的焦點拉回當下。再強調一次，未來會如何無從得知，幾乎一〇〇%的擔憂都不會成為現實。

「把焦點拉回當下」這樣的小技巧，任何人都能輕易做到，它也是最簡單且強大的方法。

例如，你正為了馬拉松比賽每天持續練跑，即使成果不如預期，也應該享受當下自己「正為了比賽努力」的過程，而不是為了「成績一直沒有進步」感到失望（＝對「當下」的狀況覺得遺憾）。參與這場賽事，除了證明自己很健康，更重要的是還能增強體力，這本身就是一種幸運。

換句話說，**與其嘆息「為何不是那樣」，不如珍惜「現在就是這樣」的狀態。**

孩子們能夠無憂無慮地享受每件事，就是因為在任何情況下，他們都只專注於「當下」。他們不會遺憾「為何不是那樣」，然後渴望著另一種「現在」，而是徹底享受「現在，就是這樣」的狀態。

換言之，能在自身的處境中感受快樂、發現趣味，才是最重要的事。

面對「現在不想做的工作」，應該怎麼辦？

借助周遭的力量，避免陷入孤軍奮戰

工作也是一樣，總會有些工作讓人提不起勁，甚至是對自己、對公司都沒有任何意義（也就是所謂的「狗屁工作」〔bullshit jobs〕）。可能的話，就盡量設法避開這份工作，或者也可以找人商量，看看對方能否代為接手。

對你來說很痛苦的工作，說不定對其他同事而言，要「比現在的工作好得多」，若是如此，他們應該很樂意代替你。

當然，事情不見得會這麼順利，但你也可能藉由這個契機，學會用更好的方式處理這份工作，或是促使公司重新審視業務流程，進而發現：「咦？原來根本不需要這個步驟啊。」

最糟糕的狀況是，認定自己「不做不行」，因而陷入孤軍奮戰的困境。就算只是找人抱怨、發牢騷，也要把周遭的人拉進來，借助外界的力量（以免讓自己累積壓力），這一點非常重要。

既然躲不掉，就帶著玩心去克服和超越

如果「想方設法還是避不掉」，就更應該把焦點拉回眼前，讓自己樂在其中，不然就太吃虧了。再怎麼「不甘願」，事態也不會改變。

討厭的工作往往特別漫長，既然都要花時間了，盡早在這個過程中找到樂趣，一邊享受一邊完成工作，才是更好的選擇。

此外，也可以像下面的例子一樣，將「討厭的工作」在腦中進行正向轉換，對心理健康會大有助益。

● 「在工作中犯錯了。」

（轉換成正向陳述↓）**「先犯點小失誤，就能避免以後鑄下大錯，能這樣收場真是太幸運了！」**

● 「在明天以前，得想出一百個反正都不會被通過的點子。」

（轉換成正向陳述↓）**「下一個點子或許就會改變人生！」**

● 「為了僅僅一次的會議，就要影印大量資料。」

（轉換成正向陳述↓）**「這是讓疲憊大腦休息的好機會！」**

● 「為會議室的八位高層主管倒茶，還不能灑出來，也太刁難人了。」

（轉換成正向陳述↓）**「開始執行『不可能的任務』！」**

這些技巧就如同先前提到的框架效應，強調我們不該鎖定未來，而是要專注於「當下」。

以這些例子來說，有的是對「藉以消災的錯誤」表達感謝，或者將其視為「恰當的機會」；另外，也可以假裝自己正在執行「不可能的任務」，以激發挑戰的興奮感。這種「把焦點拉回當下」的小技巧，就是保護內心最簡單且強大的方法。

秘訣永遠都是試著「享受當下」，而且絕對不勉強自己。與其告訴自己「我討厭這樣」，不如積極在其中找尋樂趣，自然會過得更開心。

「什麼樂在當下，又不是小孩子，這也太蠢了。」

或許有人會這麼想。然而，人生中總有些事情是無可避免的，與其拚命掙扎一直想躲開，不如帶著玩心、期待去克服和超越，這樣不是更好嗎？

這才是成熟大人的智慧。

許多人都會認為「時間代表長度」，實際上並非如此。

大多數的人會將「時間」以數值化的「長度」或「數量」來衡量，但對於時間的認知，其實是非常主觀且個人化的，請大家要先牢記這個原則。

我們無法活在過去或未來，只能活在當下。

所以，是不是該讓自己放下已逝的過去和不可知的未來，從這樣的執著中畢業了呢？

第6章

|金錢|

和金錢好好相處，讓未來豐盛幸福

擔憂未來而悶頭存錢，其實也等於毫無計畫，
一旦節約過度，不但會折損生活的情趣，甚至讓人失去精神上的餘裕。
人生的喜悅，與金錢多寡並沒有直接的關係，
「就算」沒錢，「雖然」手頭不寬裕，
也不要因為恐懼未來，就延遲所有的樂趣，
而是應該適度地享受當下，讓自己過得開心。
把錢花在喜愛的事物上，其他方面則「徹底追求 CP 值、絕不浪費」，
這樣的生活才是面對未來的真正良方，也是幸福的人生設計。

「養老金短缺兩千萬日圓」是真的嗎？

數年前，日本政府金融廳的報告曾指出，每個老年家庭的養老金在夫妻退休後的三十年間，將會「短缺兩千萬日圓」，但在兩年後又更新為「結餘四十萬日圓」。

從這個例子中，我們可以清楚地知道，對於未來的預測有多麼不確定，而且時刻都在變化。

因此我所說的「過度擔憂並沒有意義」，大家也應該更能接受了吧。

深入探討養老金短缺兩千萬日圓的問題，並不是本書的目的。但對於這句廣為流傳、甚至成為電影拍攝題材的警語，或許有人會感到不安，所以我還是想在這裡討論一下。覺得金錢話題很沉重的人，這一章可以略過。

那麼，會試算出「短缺」兩千萬日圓，所憑藉的根據到底是什麼呢？

二〇一九年夏天，金融廳發表了「高齡社會中的資產形成與管理」報告書，主張每個老年家庭的「養老金會短缺兩千萬日圓」，因而引發了全國的廣泛關注。

這個「短缺兩千萬日圓」的試算結果，是以總務省二〇一七年進行的家庭收支調查為根據，計算公式如下：

【「短缺兩千萬日圓」的根據】

全國老年家庭每月平均收入——約210000日圓

全國老年家庭每月平均支出——約265000日圓

收支差額——約265000日圓－約210000日圓＝約55000日圓

也就是說，每個月約有55000日圓的赤字。

赤字若持續三十年——約55000日圓×12個月×30年=19800000日圓，等於大約會有一千九百八十萬日圓的赤字。

也就是說，若以公共年金做為收入基礎，三十年間會出現兩千萬日圓的現金缺口。這高達「兩千萬日圓」的金額讓許多人大感驚訝，在各界都掀起熱議。

那麼，為什麼兩年後卻又變成了「結餘四十萬日圓」呢？

首先，我們來看看總務省二〇二〇年最新的家庭收支調查。

【「結餘四十萬日圓」的根據】

根據調查，無業老年夫婦的平均家庭收支，每月約結餘1111日圓。

夫婦的總收入——256660日圓（包括年金219976日圓）

夫妻的總支出——255550日圓

收支——收入・約256660日圓－支出・255550日圓＝結餘1110日圓。

如果結餘持續三十年——約1110日圓×12個月×30年＝399600日圓。

為什麼會出現約四十萬日圓的結餘呢？

重大的要因之一就是新冠疫情。因為疫情，很多人減少了外出用餐和旅遊的頻率，也有很多人收到了單筆的特別補助金（十萬日圓）。

除此之外，還有統計方式的問題。

過去的統計是以「六十五歲以上的丈夫和六十歲以上的妻子」為基礎，但從二〇二〇年起，則變更為「雙方都是六十五歲以上」，因此「領取年金的妻子比例」隨之增加，這一點也必須考慮進去。

即使沒有領取「十萬日圓的補助金」，因為疫情減少外出的影響，加上統計方式的變化，最終應該還是會出現結餘。

如此一來，大家應該就能理解，為什麼金融廳對未來的預測會從「兩千萬日圓的赤字」突然更改為「四十萬日圓的盈餘」了。

換句話說，這只是將「當下這個時間點的收支」，粗略地統整成三十年份總和的試算結果而已。

人們總是會隨著現狀時時權衡估量，調整自己的生活方式。從數據上來看，和二〇一八年相比，二〇二〇年的每月生活費也節約了一萬日圓。

若以一個月為單位，這可能「只是一萬日圓」，但如果持續三十年，累計下來就是省下了三百六十萬日圓。

雖然只是做為參考指標，這種計算方式難免還是讓人覺得有些粗略。不過，即便是經濟專家，要預測未來的趨勢也只能這樣進行大致的估算，因為未來原本就不可預知、難以準確判斷。

實際上，這種某年是赤字、某年又是盈餘的預測，會讓狀況變得複雜，也只會弄得我們每個人忐忑不安、提心吊膽。

只是「悶頭存錢」，其實也等於毫無計畫

從各種數據來看，日本的「家庭金融資產額」（家庭中包括存款、投資、股票、債券等所有金融資產的總計金額）在全世界之中算是相當可觀，「以現金形式持有的資產額」（＝家中現金）也十分驚人。

事實上，日本人在家中放置現金的比例，名列世界第一！

這代表日本人雖然擁有資金，卻很少拿去投資，而是更傾向於以現金的形式保管，這或許和日本人謹慎的性格有很大的關係。

因此，為了促進經濟復甦，金融廳很希望民眾能從事股票之類的投資。他們之所以大力宣導「如果不透過投資讓現金增值，老後將陷入困境」，或許就是基於這個目的吧。

實際的金額帶有生動的現實感，因此像是「短缺兩千萬日圓」這樣的負面訊息，會引發人們對未來的強烈不安。

然而，**對未來感到不安而「盲目節約」，也是「毫無計畫的行為」**。

一旦節約過度，不但會折損生活的情趣和充實感，甚至會讓人失去精神上的餘裕和自在。

這樣強迫自己放棄「享受當下」，實在是太可惜了。

有錢人的用錢哲學——只把錢花在喜愛的事物上

那麼，反過來看，「擁有充足金錢的富裕階層」又是如何花錢的呢？在他們身上，可以找到一些用錢的提示，甚至還有存錢的方法。

曾在野村證券任職的經濟專欄作家大江英樹，寫過一本名為《隔壁的億萬富翁：上班族也能擁有「一億日圓資產」》的暢銷書。他曾負責管理三萬多名投資者的資產運用，在書中寫實地介紹了富裕階層的理財心態。

乍看這個書名，我們或許會覺得事不關己，其實裡頭有很多值得學習的內容，非常推薦大家參考。

書中描述了不少「億萬富翁」（指擁有資產超過一億日圓的人）的故事，而這些人的共通點是：

「對喜愛的事物會積極花錢，對其他事物則一毛不拔。」

這個說法有點極端，以下試著改用本書的論述重新表達。

位於【放鬆區】，願意花足夠的錢療癒自己——**無限制模式**

位於【挑戰區】，追求CP值——**精算模式**

位於【壓力區】，絕不浪費一分錢——**吝嗇模式**

大江英樹指出，富裕階層的實際情況是——

「衣服穿UNIQLO，車子開豐田Vitz，住在普通的住宅大樓，外食頂多只去連鎖店」。

「有錢人不都是開賓士或保時捷這種高級車嗎？」

或許你會這麼想，但那只是少數人。富裕階層中，只有「喜歡高級車的人」才會這樣做。

而「喜歡高級車的人」，在其他方面則會變成「吝嗇模式」，這正是他們的成功哲學。

追隨表演者到各地巡迴演出的「追星族」，在某種意義上也是這種成功哲學的實踐者。

因為他們是花自己的錢，去追逐同一個表演者演出相同內容的演唱會，看在非粉絲眼裡，這簡直是「浪費」的行為。

然而，對這樣的「追星族」來說，隨著演唱會「走遍各地」，是豐富生活的重要方式，即使是理財專家，也會覺得這是把錢「花在值得的地方」。

而相對地，他們也會在其他方面徹底追求CP值，以杜絕浪費。

這正是金錢達人所實踐的「理想生活」。

適度地享受當下，才是幸福的人生設計

我有個富裕的朋友是「愛車一族」，多年以來，他所擁有的車子從未少於三部。

然而，他並不是在成為有錢人之後，才開始喜歡車子的。打從學生時代他就熱愛車子，我記得那時他有一部中古的福斯 Golf Mk2。

他藉由打工存到頭期款，買了車子之後又繼續打好幾份工，每月按時償還車貸，隔幾年就換一部新車。他在二十幾歲時換過的車應該不止四部（由於當時還不富裕，他每次都「只能擁有一部車」）。

「用打工的收入設法買下心儀的車子，細心地照料、駕駛，然後再折價換下一部愛車。」他一直重複這樣的循環，享受著「追尋愛車」的生活。

與此同時，他也努力創業、拚命工作。到了四十多歲時，他的事業終於

步上軌道，能夠支配的金錢也增加了，如今已經擁有三部車。

任誰見到他，都會認為「他是有錢人，才能把玩車當成興趣」。的確，能擁有三部車是他成功的表現，但在他成為有錢人之前，車子早已是他的愛好，身為他的朋友，我很清楚這一點。

即使在最艱難的時刻，他仍舊一邊努力維持生計，一邊「透過車子帶來的喜悅，激勵自己工作打拚」，享受著這樣的人生。對他而言，事業的成功和擁有三部車，只是奮鬥之後偶然造就的結果。

我們大多數的人都不是富人。

然而，他也曾經不是富人。

人生的喜悅，與金錢的多寡並沒有直接的關係。

「就算」沒錢，「雖然」手頭不寬裕，還是可以充分享受人生，也應該這麼做。

不要因為恐懼未來，就延遲所有的樂趣、或是一直省吃儉用，而是應該適度地享受當下，讓自己過得開心，然後在其他方面「徹底追求CP值，絕不浪費一分錢」。

這樣的生活才是面對未來的真正良方，也是幸福的人生設計。

或許會讓人意外的是，只要不過度，連節約都能成為一種樂趣。

如果你到現在還認為「追求CP值和避免浪費的生活」很「痛苦」，最好改變一下想法。

享受節約生活、在社群媒體分享節約秘訣的人，其實多不勝數。我也常會瀏覽這些內容，「有智慧的節約生活」充滿了讓人眼睛一亮的創意，比普通的生活更加充實、有趣。大家也可以找找喜歡的社群版主或影片創作者，如果把搜尋這些「美好生活家」也變成自己的興趣，那就是一舉兩得了。

真的擔心未來，儲存「這個」比存錢更重要！

到目前為止，已經談過許多關於金錢的思考。希望大家明白，錢除了拿來「存」，把它「用在享受當下」也很重要。

除此之外，還有一種比金錢更值得儲存的東西，在未來，它「絕對」會比金錢更管用。

大家覺得是什麼呢？

答案是「肌肉」——我是說真的（笑）。

如果你心想：「啊，那我沒辦法。」這句話就說得太早了。

有一位著名的運動教練，他的母親過了九十歲便臥床不起，他於是每天讓母親進行一些簡單的運動訓練，沒想到她在一百歲之後，竟然恢復到可以單腳深蹲。

當然，每個人的體力有別，絕對不要勉強自己，但也正因如此，才應該用自己的方式踏實地儲存肌肉。

肌肉占據了體重的四～五成，不僅能讓身體活動，還承擔著支撐和儲存能量的功能。

肌肉量會隨著成長而增加，在二十歲左右到達顛峰，此後就開始逐漸減少。到了七十歲時，肌肉量將只有二十歲時的四成左右。

肌肉減少的程度雖然因人而異，但如果三十～五十歲間缺乏運動，肌肉便會急劇減少，早死的風險也隨之提高。

相反地，肌肉量越多，長壽的機率也會提升。

舉例來說，曾有一項研究調查了七十五～八十歲老年人的「步行速度」與「十年後的生存率」之間的關係，結果發現「走路速度比一般人快的人」（每秒超過一・四公尺）和「走路速度慢的人」（每秒〇・四公尺以下），十年後的生存率相差了將近三倍。

這表示「走路快的人」，也就是「肌肉量多的人」，更有可能長壽。

看到這裡，大家或許會開始關心起自己的走路速度。

請放心，即使現在「走得慢」，只要養成運動習慣或改善日常飲食，就能加快走路速度，也會提升生存率。

「為了健康必須改善生活方式」，這句老生常談大家應該都聽膩了。

食物、保健食品、運動、睡眠……需要注意的事項實在太多，不免讓人覺得好麻煩，我自己也是這樣（笑）。

這種時候，務必要重視的就是「肌肉」。

「在所有要素中，對健康壽命貢獻最大的就是肌肉量。」

這一點已經透過各種研究得到了證實。

設定具體的保健目標並努力實踐，積極地度過每一天，是值得讚賞的生活態度。即使儲存了大筆財富，但要是因為不注重健康而倒下，那可就得不償失了。

如果真的擔憂未來，最該優先儲存的並非「金錢」，絕對是「肌肉」，這一點我可以斷言。

降低門檻、持之以恆，用兩種方式累積健康資本

成功儲存肌肉的首要秘訣是「絕對不勉強自己」，也就是不設立過高的門檻。而**增肌的第一步，就先從走路開始吧！**

例如，剛開始可以設定「每天走三十分鐘」的目標。

對體能有自信的話，也可以稍微試著「快走」一下。

這時候，如果膝蓋、腰部或肩膀等部位出現疼痛，記得要好好檢視自己身體上的弱點。建議大家可以去骨科、復健科就診，接受醫生的專業指導或復健治療，打造適合日常步行的健康身體。

瑞典精神醫學專家安德斯・漢森（Anders Hansen）著有知名的《拯救手機腦》（*Skärmhjärnan*）一書，而他向來主張——

「跑步是保持身心健康的最佳方式」。

跑步和走路一樣，對於身體健康都大有助益。

如果行有餘力，可以設定「跑步三十分鐘」的目標，每週一次即可，如果能增加到二或三次最好。

一提到跑步，有人就會立刻想到「沒有跑步的服裝」，或是「還得挑雙好穿的鞋子」，覺得準備起來很麻煩。這麼一來，心理障礙就會急劇升高，讓人萌生「還是算了」的念頭，進而失去動力。

近來，國外很流行所謂的「連續跑步」（streak run），也就是不必做太多準備，「至少先小跑一段距離」就好。

例如，可以在下班從車站回家的路上，拿著包包小跑五分鐘就好。**重要的不是跑步姿勢或運動強度，而是「持之以恆」**。「滿身大汗地跑上三十分鐘」確實是理想的習慣，但可以先做為「未來想要達成」的努力目標。

何不從今天開始，就做出一點點改變，試著「小跑」一下呢？

第
7
章

|成長|

不追求結果的行動，讓你更有韌性

人性的成長，與「盲目的忍耐」一點關係也沒有，
成長需要的只有——「避免無謂的努力」和「選擇能專注投入的努力」。
擅長堅持、面臨逆境也百折不撓的人，通常是不太在意結果的人，
他們只專注於「做著自己當下覺得有趣的事」，而不是最終的成敗，
這時他們不會感到焦慮或痛苦，所以才能夠堅持下去。
總之，並非是他們的「內心」不會受挫，
而是他們的「行動」從未中斷、沒有放棄，
所以在精神上顯得沉著而穩定。

人生的大部分，會因為「相處的人」而改變

我們人生的大部分，都是由「與我們相處（一起度過）的人」所形塑而成的。遺憾的是，這些「相處的人」有時也會阻礙我們的成長。

如果你對某些特定的友誼或人際關係感到困擾，甚至會產生「自卑」或「嫉妒」的情緒，還是漸漸疏遠這些關係比較好。

和你共度最長時間的人，將會對你的未來造成決定性的影響。

不要輕忽這個原則，一定要慎選「相處的人」。

說得明白一點，就是要避開不合拍的人。

在孩童時期，為了培養社會性，通常需要努力跟大家和睦相處（這有多大用處則另當別論）。但長大成人後，我們有時卻需要相反的訓練——不強迫自己去迎合「處不來」的人，而是學會巧妙地避開他們。

即使覺得痛苦，善良的好人也會勉為其難地遷就對方；但是，有時候保持距離對彼此來說反而輕鬆，人生也會更為豐富。

身處現代社會，你取悅「不喜歡你的人」的時間，甚至可能比你和「喜歡你原本模樣的人」相處的時間還要多。這種無可避免的狀況確實不好受，但也正因如此，我們更應該時時留意，**不要勉強去迎合他人，或者認為無法迎合的自己是失敗的社會人，而是要為了彼此適度地保持距離。**

在職場上遇見不合拍的人，要如何巧妙避開？

接著來思考一下職場上的人際關係吧。

每個人都可能遇到不對盤的主管，或是「討厭的上司」、「顧人怨的同事」，不得不和這樣的人一起工作，自然會非常辛苦。

誰都希望避開「處不來的人」，但在職場上往往無法如願。因此，以下將按照避開的難易程度，依序介紹幾種常見的類型，並提供因應的對策。

❶「容易避開」的不合拍之人——尊重對方，不期望超越界限的交流

首先是不需要共事或合作，但無法愉快交流的人。

如果你期待與職場上遇見的人們「建立人際關係或交流」，卻遭到「拒絕」或「忽視」，一定會覺得對方不好相處吧。對於積極追求「讓人生更幸福」的你來說，這樣的感受再自然不過，挫折、失望也可以理解。

然而，如果對方難以接受你的想法，那也是無可奈何的事。在**「不試圖改變對方」的原則下，應該給予對方最大的尊重，並且不再期望有「超越工作範疇的交流」**。

與其為對方的態度煩心，不如將此當成一個自我反省的好機會，檢視自己是否「混淆了人際交流和工作」的界限。

②「難以避開」的不合拍之人——與他人分享問題，必要時減少接觸

接著，來談談工作進行中出現不愉快的狀況時，應該如何處理。

這種問題往往很棘手，而你首先該做的是，**向周遭的人們委婉地請教，確認這種不愉快的情況是否只發生在你身上，還是其他人也有類似的經歷。**

我們常誤以為「只有自己在受苦」，這種執念會加深孤獨感，讓問題變得更嚴重。然而，你的同事或許也面臨相同的處境，一樣正在煩惱或疑惑。

如果能向大家確認目前的狀況，應該就會大幅減輕痛苦和難受的情緒，也能找到機會改變不愉快的現狀。

不過，在與他人分享問題時，請務必記住一件事，那就是——「不要給人貼標籤」。

如果把上司或同事逕自論斷成「令人不快」的對象，你的態度和表達就會變得粗率、隨意，所有的對話和交流也會變質、扭曲。

許多人際關係的紛爭常常源自於誤解、先入為主的觀念，以及無意識的偏見。對於特定人物的負面情感，會對人際關係造成重大阻礙，讓信賴關係難以建立。

說實話，我也曾經對某個認識的人沒什麼好感。直到有一次我和他出去喝酒，因而了解他的個性和處事之道，從此就對他大為改觀，彼此也變得十分親近——這個人就是我非常珍視的好友F。

當我明白自己對他的不滿其實是起自於誤解，意外的友誼便萌芽了。

絕大多數的人際相處問題，都是溝通不足或誤解造成的。因此，如果覺得自己與某人的關係進展不順利，還是要先跟對方溝通，分享彼此的想法。此外，**在任何情況下，都要保持「不給對方貼標籤、開放心胸並認真理解」的態度，這將是你打造合宜職場環境的第一步。**

然而，這些嘗試如果都沒成功，狀況仍遲遲不見改善，為了守護自己和對方的立場，就需要減少與對方接觸的頻率。

就人際互動的現實來說，我們不可能和所有人都建立良好的關係。正如先前提過的，「大約有七成的人原本就跟我們處不來」，這可能源自於性格的差異、價值觀的不一致，或者僅僅是溝通方式有別。只要和這七成的人保持適切的距離，就能把壓力降到最低。

但在職場上，要保持距離有時並不容易。職場是和許多不同的人，在固定的時間與空間一起工作的場合，幾乎不可能完全斷絕和特定對象的互動，但即便如此，還是要努力減少與對方接觸的頻率。

具體的方法包括——

盡可能避免和對方處理同一項工作、錯開彼此的休息時間，或是將與工作無關的對話交流控制在最低限度……等等。

重點就在於，要以自己的精神健康為最優先考量，在「公事公辦」的範圍內，與對方畫清界限、保持距離。

理解自己重視什麼、無法接受什麼，是守護自己和他人立場，同時能自在成長的關鍵要素。

③「應該避開」的不合拍之人——以健康幸福為優先，考慮轉換環境

最後，是長期處在壓力之中或身心極為不適的狀況。

這時你必須將自己的健康和幸福放在第一位，轉換工作環境。

職場是占據了我們大部分生活的重要場所，因此工作環境對我們的幸福健康有著深遠的影響。

如果這種影響是負面的，就必須迅速找到適切的應處方法。

長期的壓力和嚴重身心不適，對日常生活會造成全面性的惡劣效應，所以要盡可能試著改變。例如，少跟處不來的對象接觸，或是提升情緒管理的技巧等，如果這些努力都沒有奏效，自然就要考慮換工作，甚至應該說是非換不可。

因為，**你自己的「幸福」和「健康」，應該是你「透過工作想要達成的目標」所仰賴的基礎**。如果職場妨礙了這個目標，或是威脅到你的幸福和健康，就應該盡快離開此地。

如果你擔心「會對職場造成困擾」，代表你是負責且善良的人，這一點很值得稱許。**但是，你並沒有義務只為了留在職場，就犧牲自己的「幸福」和「健康」，你有權利決定自己的未來。**

當然，行使這項權利更換職場是重大的決斷，要踏出這一步實屬不易。但為了守護你的「幸福」和「健康」，還是必須做出大膽的選擇。**能做出這個決斷的，只有你自己。**

起初可能需要勇氣，或許也會對未來感到擔心，但是沒問題的，這份勇氣一定會讓你的人生朝更好的方向邁進。

成長不需要盲目的忍耐，而是該放下無謂的努力

到目前為止，我們再三提到要「放下」或「遠離」**【壓力區】**，剛剛也提到了要「避開」。因此，或許有人會質疑——

「要是反覆這樣做，人不就很難成長了嗎？」

然而，這其實是誤解。

人性的成長與「盲目的忍耐」，一點關係也沒有。

成長需要的只有這兩點——「避免無謂的努力」和「選擇能專注投入的努力」。

我們常會執著於至今為止所堅持的事，希望過去持續的付出與作為終究會取得成果。

這大概是因為我們不想白白浪費一路以來累積的努力，或是失去了重啟新局的幹勁，也可能是因為「在意他人的眼光而難以重新開始」、「事到如今已無法回頭」等種種理由。

每個人都會有一兩件明知「沒有用」，卻還是繼續在做的事。但為了讓自己成長，並以輕鬆自在的心態取得結果，就必須放下這些無謂的努力。

如果你對自己持續至今的努力有了那麼一絲「無謂、沒有用」的感覺，就應該立刻停止，而不是只顧著在意他人的眼光。

不過，有時候我們也會「不確定這是否真的無用」，或是「煩惱著該不該再繼續下去」。

我們都非常在意所謂的「正確答案」。

這種態度本身固然很重要，但就像先前提過的，未來原本就不確定，對於未來的預測更不可信。因此，思考「現在持續的努力是否正確」，其實並沒有意義。

過度執著於正確答案，反而會難以做出合理的判斷，到頭來可能會一直在「繼續或停止」之間猶豫不決，拖拖拉拉做著無謂的努力。

與其糾結於答案對錯，試著相信自己的直覺

與其糾結於選擇是否正確而無法行動，不如依循當下所取得的資訊和自己的感受來決定，這樣往往會得到更好的結果。

絕對的「正確答案」並不存在。

沒有人知道怎樣才是正確，也沒有必要知道。只要在當下這一刻，選擇「大概是這個吧」的答案就好。

實際上，根據某項心理學的研究〔註⑦〕，專家在預測足球比賽的結果時，依賴直覺的準確率要比深思熟慮時來得更高。這是因為過度思考會被一些不必要的可能性干擾，以致於無法得出簡單、明瞭的結論。

就像先前提過的，與其懷疑是否正確而躊躇不前，不如果斷地去做直覺上認為「當下應該這麼做」的事。

我們試著用就醫的例子來思考看看吧。

生病的時候，我們會花費時間和心力去了解應該怎麼做，但是有時候，這反而會妨礙治療的進行。

想像一下，有某個患者不相信單一醫師的診斷結果，於是四處求醫，要尋求其他專家的意見。

這或許是行事謹慎的人面對重大決定時的自然反應，尋求第二意見確實也很重要，但為了找出最正確的療法而來回打聽，卻遲遲無法展開治療，最後要是導致病情惡化，那可就本末倒置了。

如果直覺地認為某位醫生適合自己，就及早接受診斷並開始治療，說不定這個患者現在已經完全康復了。

沒有付諸行動，想法就難以超越夢想的領域

在商業圈或創業界，要發展新創意或新專案時也是一樣。

想像一下，某位創業家想到了新點子，他認為很有發展潛力，便開始制定計畫，想把它轉化成具體的事業。

然而，他對這個點子能否成功並沒有十足的把握，於是就到處尋求各種專家的意見。他進行市場調查、找顧問做諮詢，並且多次檢討、修正自己的創業企劃書。

所有準備看似都已就緒，他卻始終踏不出實現想法的第一步。他又花時間蒐集更多情報、尋求更多意見，但在這段期間，市場環境或許會有變化、其他競爭對手說不定會搶先推出類似的創意，種種情況都有可能發生。

這個例子和前面就醫的情況一樣，都是在強調「付諸行動」的重要性。**思考、檢討及評估固然重要，但應該是在「嘗試行動」的過程中同步執行。**缺乏實際的行動，你的想法永遠只會是想法，難以超越夢想的領域。然而一旦將想法付諸行動，它就有可能成為現實。

付諸行動不僅能為成功鋪路，也可以藉此發揮本身的能力，並將自己的潛力最大化。即便結果未必如己所願，你依然能從中獲得學習、成長和改善的機會，沒有任何損失。

除此之外，還有一件更棒的事。

傾聽自己內心的聲音，並依循它的指引去行動，是消除不安、解放身心的第一步。希望大家記得，**我們並非是因為不安而無法行動，而是因為沒有行動才深感不安。**

未來無法預知，所以更要選擇「此刻相信的正確」

有研究顯示，即使行動的結果不盡理想，行動本身仍然能提高幸福感。這是哥倫比亞大學所做的研究〔註⑧〕，他們調查了社會新鮮人的就職活動和其後的職場滿意度，調查對象則分別是根據客觀資訊審慎選擇工作的人，以及更聽從直覺，只憑著大略資訊就做決定的人。

調查得出的結果很有意思。就職半年後，根據客觀資訊審慎選擇工作的人雖然有更高的收入，職場滿意度卻很低；相對地，依照直覺決定工作的人雖然收入不多，職場滿意度卻很高。

由此可知，謹慎的選擇雖能稍微提高收入，對滿足感卻沒有太大貢獻。

蘋果公司的創辦人史蒂芬．賈伯斯（Steve Jobs）也提過類似的觀點。他在史丹佛大學的畢業典禮中演講〔註⑨〕時，曾經這麼說：

人生的時間有限，因此我們不該為他人的期待而活，也不要被他人的價值觀所侷限，而無視自己內心的聲音。最重要的是，要有勇氣追隨自己的內心與直覺。各位的內心與直覺早就知道自己真正想做的事是什麼，其他一切都是次要的。

我們無法預知未來，所以才更要選擇「此刻自己所相信的正確」，毫不猶豫地付諸行動。

付出「擔憂」這項成本，實在太不划算

即使付出了「擔憂」這項成本，這份「擔憂」實現的可能性也很低；就算真的成為現實，基本上也有辦法處理，因此這種「擔憂」實在很不划算，

簡直就是「浪費時間」。

諷刺的是，當人被「擔憂」所操控，反而更容易發生意想不到的事。人的行為有時會導致意外的結果，尤其當這個行動是出自無謂的擔憂，這種現象就更為明顯。

以下就透過挑選拉麵店的方式來看看具體的例子吧。

我的公司附近有三間非常小的拉麵店，在此稱為A店、B店和C店。現在有三位同事正打算去拉麵店吃午餐，而他們選擇店家的重點是：不會太擁擠、拉麵美味好吃。

A店的口碑最好，總是客人眾多；B店的美味程度雖然不及A店，但評價不錯，偶爾會擁擠一些；C店的味道一般，幾乎不會有人潮。

三位同事為了避開人潮，決定去B店而不是A店。

但是，如果這個區域的大多數人都有相同的想法，B店就會擠滿客人，同事們的期待也會落空。當大家都想避開人潮而選擇B店，評價最高的A店和評價最低的C店，反而會變得比較空。

從拉麵店的這個例子，我們可以學到什麼呢？

那就是——**基於不確定的預測和擔憂所採取的行動，未必會產生最佳的結果**。三位同事和其他人原本有可能在評價最高的A店吃午餐，卻因為預判那裡一定很擁擠而避開，結果反而讓B店變得人滿為患。

要避免陷入這種處境，就應該聽從當下的心聲來做選擇，別讓自己受制於不確定的預測。即使這個選擇不見得最好，只要是坦誠地順從內心，事後也不會有太多懊悔。

既然都要做，就選擇CP值最高的方法

前面說了這麼多，總之結論就是——

既然都要做，當然要選擇CP值最高的方法，這就是關鍵。

CP值最高的就是**【放鬆區】**；CP值最低的則是**【壓力區】**，所以最好不要把成本花在這裡。

問題是，並非所有的狀況都會在**【放鬆區】**解決，因此思考「如何應對**【挑戰區】**」，也是很重要的事。

當我們滿懷挑戰意願、情緒高昂時，會進入「能夠努力的模式」，這時也更容易取得成果。

如果你有了想要挑戰的念頭，就應該選擇處於**【挑戰區】**的目標。

「感覺可以積極地投入。」

「做了似乎會很開心。」

「覺得好興奮、充滿期待。」

「腦中浮現了看見希望的畫面」等等……

只要你的感受符合以上任何一項，就值得付出成本去努力。

這時所投入的成本，會化為正向的結果，以某種形式回饋給你。就像先前提過的，直接行動帶來的幸福感更高，好不容易有了行動的意願，這時若再吝於付出成本、戒慎恐懼或覺得麻煩，都會是莫大的損失。

反過來說，當我們處在**【壓力區】**，勉強行動就變得很不划算，要是付出的成本太高，行動帶來的幸福感也會大打折扣。因此，如果行動時的感受和剛才描述的四種心境正好相反，也就是「不積極」、「不開心」、「不期待」、「沒有希望」，那就應該暫時擱置。

「韌性」堅強的人，通常是不太在意結果的人

「不擅長努力」、「不擅長堅持」，這樣的人並不少見，我自己有時候也是這樣（笑）。

這樣的人常會被說成是「三分鐘熱度」，其實這是誤解。他們反而是太在意結果、執著過頭，總是擔心能否順利，最後便無法堅持下去。

相反地，**擅長堅持，面臨逆境也百折不撓、展現韌性的人，通常是不太在意結果的人。他們只專注於「持續做著自己當下覺得有趣的事」，而不是最終的結果**。此刻他們的心情處於**【挑戰區】**（有時甚至是**【放鬆區】**），不會感到焦慮或痛苦，所以才能夠堅持下去。

總之，並非是他們的「內心」不會受挫，而是他們的「行動」從未中斷（沒有放棄），所以在精神上顯得沉著而穩定。

再重中一次，最關鍵的秘訣只有一個——

「捨棄無謂的努力，專注於享受當下」。

只不過，別說堅持了，有很多人根本「連開始都不擅長」。

確實，展開新挑戰是相當麻煩的事。就像汽車在啟動的瞬間通常會消耗最多燃料，而啟動就是需要這麼多成本。

展開新挑戰對任何人來說都很困難，我當然也不例外。就算是歷史上的偉人們，應該多少也會覺得「要開始什麼，還真是有點辛苦啊」。

對我來說，最有感的例子就是慢跑。

每次要開始慢跑之前，我都覺得很麻煩，但跑完之後非常爽快，又讓我衷心覺得：「今天有慢跑真是太好了！」

對我來說，慢跑是「做了真好」的事，這一點我雖然心知肚明，但每次都還是覺得很麻煩（笑）。人類的內心可真是難搞，對吧！

我八歲的兒子在泡澡時也曾嘀咕著：「泡澡明明這麼舒服，為什麼進去之前總是那麼讓人討厭呢？」即使是精力旺盛的小孩，要開始一件事也會覺得麻煩，大人就更不用說了。

要克服「怕麻煩」的心態，先跨出一小步就好

慶幸的是，為了我們這些怕麻煩的大人，有一項研究針對「怕麻煩而遲遲無法開始」的問題，找出了能有效克服的技巧。

那就是，盡量先從小事開始。

每次談到這一點，總會讓人想起，包括我自己在內，很多人以為的「最初第一步」都跨得太大了。

例如，對於「早上爬不起來的人」，通常都會建議要調整生活習慣或定期運動，這些當然很重要，但如果是要努力起床，首先不妨試著在床上動一下大拇趾。

在美國導演昆汀・塔倫提諾（Quentin Tarantino）的名作《追殺比爾》（*Kill Bill*）中，鄔瑪・舒曼（Uma Thurman）飾演的殺手昏迷了四年醒來時，下半身已經麻痺，最後花了十三個小時才站起來。而她最初挑戰的動作，就是擺動右腳的大拇趾——不愧是職業殺手，完全不慌不忙啊。這一幕就像在告訴我們，只要能轉動腳趾，就算是「突破了關卡」，果然是昆汀・塔倫提諾才想得出來的點子（笑）。

這個技巧同樣適用於減重。

一開始減重時，我們往往會安排詳盡的飲食控制或嚴格的運動計畫，但執行起來卻常是虎頭蛇尾，沒多久就會半途而廢。

第一步跨得太大，就很難成功減重；我們的意志力十分薄弱，要是負擔過重便無法持續。

因此，若想順利減重，需要運用一些巧思，將意志力的負擔降到最低，也就是設法讓自己不必「忍耐」。

而其中一個妙方就是——**想著「之後再吃」**。

每當有想吃甜食的衝動時，不是咬緊牙關跟自己說「不行」，而是告訴自己暫時延遲，「之後再吃」。

有趣的是，經過一段時間，很多人就會忘記吃甜食的欲望。即使到了晚上食欲還在，也可以跟自己約定「明早再吃」，這樣就可以撐過一天。

到了早上如果還想吃，就按照約定吃了吧。在早晨這一整天的開始吃甜食，要比傍晚或晚上吃更容易消耗熱量，還能減輕壓力。

無需具體的計畫，只要想著「之後再吃」，減重行動就開始了。接著，這小小的第一步，最後就會累積成「減重成功」這項可觀的成果。

無論如何，都要縮小最初的第一步，這是首要的重點。

想開始慢跑，不要訂立太遠的目標，先試著跑去附近的超商買東西。
想開始學習，不必急著翻開課本，可以先看看YouTube的相關影片。
想開始工作，與其直接著手處理，不如先和鄰座的同事聊聊天。
只要是跟「想開始做的事」相關的行動，再怎麼微不足道都沒關係。

為了不讓自己進入**【壓力區】，要盡可能降低門檻，先從「能夠順利開始」的小事做起**。

不是有幹勁才會行動，而是行動了才有幹勁

我們的內心很奇妙，一旦開始了，就會漸漸產生「興趣或幹勁」——也就是說，我們會自然而然進入了**【挑戰區】**。

在前往超商的途中，就有了「再跑一下」的念頭，繼續邁出腳步。

在看 YouTube 的歷史影片時，就冒出了「在那之後發生了什麼事」的好奇心，進而打開課本查閱。

和同事聊天的過程中，就湧現了統整資料的具體想法，甚至恨不得馬上動手處理。

不是要有「幹勁」才會行動，而是要行動之後才會有「幹勁」。

所以，**「難以產生幹勁」不是問題，只要利用「容易讓人產生幹勁的事」來激發幹勁即可。**

前十分鐘要是感覺不對，就直接放棄

行動時，可以用手錶或計時器來測量時間。

開始後若過了十分鐘，還是提不起勁，可能就代表這次「沒戲唱了」。我們難免會因為地點、時間或身體狀況等因素，而無法集中注意力，這時最好及早結束，開始改做其他事。重要的是，不要責怪自己。

無法專注或進展不順，並不是你的錯，只是時機的問題而已。

不過，認真的人經常會逼自己硬撐下去，這一點必須留意。

如果想做的事位在**【挑戰區】**，或許稍微堅持一下就能集中心神，甚至得到滿意的成果。

但若是處於**【壓力區】**，硬撐下去也只會感到痛苦。

人生有限，我們無暇允許這種無謂的浪費。
越是優秀的業務員，越懂得撤退的時機；
越是優秀的投資者，越懂得及時停損；
以多才多藝著稱的人，往往只是沒有恆心的人。
因此，根本不需要在意「無法堅持」這種事喔！

就算不順利，也可以提升經驗值

第2章也曾提過，最好事先設定「不順利的可能性」，如果一開始預定「可以失敗十次（十件事）」，就不會每次失敗都感到沮喪。

這種「沮喪」的內心波動，會造成不小的心靈傷害，要盡可能避免。

「失敗」或「沒有持續」，不見得會讓所有努力都白費。沒錯，如果只看結果，有些努力或許是白忙一場，但即便如此，我們還是確實提升了經驗值，並不會完全無用。

這些經驗，一定會對我們的人生帶來某些助益。

然而，我們還是要謹記在心，比起「或許有用的無謂努力」，「在**【挑戰區】**投入的努力」才會有更高的效率。

放棄不等於認輸或失敗，人生還有更多可能性

不知為何，我們總會覺得「只要苦熬到最後，一定會有美好的未來」，明明這種想法根本沒有科學根據（笑）。

確實，從童年時期開始，我們就一直在這樣的教導下努力念書，少年漫畫也經常過度美化所謂的友情、努力和勝利。

我們從小就被灌輸「勝利」必須用「努力」才能換來，因此容易將「放

棄」視為「認輸」或「失敗」。

然而，「放棄」並不等於「認輸」或「失敗」，只是「停止無謂的努力」而已。

人生的可能性是很多樣化的，沒有必要始終堅持著一件事。我們可以用其他方法達成目標，或是在不同的領域取得勝利，甚至可以在另一個方向找到幸福。

我們已經不是孩子了，不需要再像那個年紀一樣，將「友情・努力・勝利」這些口號看得太過認真。身為成熟的大人，我們應該仰賴自己的判斷，而不是寄託於某種莫名的努力。

除此之外，我們也應該善用自身的動力，不要讓無謂的努力浪費了這股寶貴的能量，因而虛擲自己的人生。

我們不必執著於所謂的「成長」

「成長」一詞，也隱含了與未來相關的負面意涵。

明明之前一直在討論「成長」這個主題，所以這麼說或許會讓人有些意外，但我認為，我們其實不需要執著於所謂的「成長」。

因為，我們的目標不是「成長」本身，而是「變得幸福」，對吧？

先前曾再三強調，與其在不確定的未來中追求幸福，感受當下這一刻的幸福更為重要。

而讀到這裡的你，應該已經發現了吧——

所謂的「成長」，只有在回顧過往時，自己才能真正有所體會。

終章

幸福不在未來，
而是當下每一刻的累積

幸福不是未來的終點，而是應該在此時此地用心去感受的事物。
透過專注於「當下」，
我們將不再執著於「必須達成的目標」，而是能享受「活著的過程」；
我們的生活中充滿了微小的喜悅，
能夠意識到這些的人，絕對能過著「幸福的人生」。
因為有希望，才會擔憂事情能否如願而不安，
會感到不安，代表你是自由的，還有可以選擇的未來。
想要得到幸福，我們必須學會與不安好好共處，
同時也要積極開創自己的人生道路。

幸福不是未來的目標，而是面對人生的態度

美國社會科學家亞瑟・布魯克斯（Arthur C. Brooks）曾說：

「幸福不是結果、也不是目標，而是一項計畫。」

這句話說得真好。

雖然許多智者都說過：「幸福不在未來，而是在此時此地。」但這樣的觀念往往不好理解。布魯克斯則用他自己的方式，表達了**「幸福並不是未來的『目標』，而是面對當下的人生所採取的『因應方式與態度』」**。

這或許能解釋為——「幸福雖然很難，但是可以達成」。

人們常把幸福視為當下努力之後的未來獎勵，事實上並非如此。

「幸福」一詞，經常和「取得資格」、「結婚」、「購置新居」等具體

目標連結在一起，然而，當我們達成這些目標，真的會感到「幸福」嗎？

或許的確會有一時的成就感或滿足感吧！但如果「幸福＝達成目標」，那麼在達成目標的那一刻，幸福也就結束了。

幸福是這種稍縱即逝的東西嗎？

在我們達成某個目標的瞬間，會立刻將目光轉移至下一個目標，或是開始思考另一個未來。就像這個常見的比喻——「驢子會為了吃到吊在眼前的胡蘿蔔拚命向前跑」，幸福對我們來說，就是那根胡蘿蔔。

然而，幸福並不是未來的目標。幸福不是目標或結果，而是一種因應的方式，也就是面對人生的態度。

「成為好人很難，做好事卻是可行的。」同樣地，要「感到幸福」或許很難，但「變得幸福」是可能的。當中的差異雖然有些微妙，卻非常重要。

透過專注於當下，我們將能享受「活著的過程」

再回頭聊聊我的朋友F吧，這次是關於他求職的故事。

F大約在半年前開始找工作。他每次打電話給我，都在訴說自己有多痛苦、多難熬，據他表示，「求職比跑馬拉松還要辛苦」。

「馬拉松的終點很明確，但是求職可能明天就結束，也可能一直結束不了。每次面試之前，我都在想『這次或許可以結束了』，但要是泡湯了，就又得從頭開始。老是這樣反覆重來，每天都像在地獄，只要找到工作就能進入天堂了。」

我無法為他的求職做些什麼，頂多只能聽他訴苦。只要這樣有幫助，我願意一直聽他抱怨下去。

最後，他終於求職成功，我由衷地對他說了聲「恭喜」，但是在電話那頭，他的聲音卻很沉重。
他是這麼說的：「我擔心自己能否順利適應新職場，也不知道上司和同事好不好相處。我覺得之前似乎把自己說得太好了，到時候他們會不會覺得我『沒想像中那麼能幹』？」
一想到這些，他就每天輾轉難眠。
原本應該在找到工作後華麗轉生，從地獄進入天堂的他，情況似乎不如預期。他的幸福到底在哪裡呢？

在求職的過程中，他一直對未來抱著「只要這次成功，痛苦就會結束」的期待，卻忽略了「當下這一刻」。
這一路走來，他必定經歷了許多事，例如順利寫好履歷、遇到值得尊敬的人、接收到驚喜的善意或建議等，感受了種種快樂和喜悅。

當然，其中也有艱辛的部分，像是履歷上的大頭照看起來很奇怪、因應壓力面試（stress interview；在面試中刻意營造緊張狀態，例如提出嚴厲、冒犯的問題，或是針對某個事項緊迫追問，藉此了解求職者面對工作壓力的承受度和應處能力），甚至是收到不錄取通知，都會讓他覺得自己被否定了。

這些經歷都讓人很不好受，但如果就此斷定其中「毫無快樂和喜悅」，還是有失公允。即使他的求職過程很艱辛，也並非是不幸，而是幸福人生當中的一景。

對F來說，求職就像人生的冒險，既然是冒險，就應該好好享受。能夠經歷這樣的冒險，無疑是幸運、也是幸福。

透過專注於「當下」，我們將不再執著於「必須達成的目標」，而是能享受「活著的過程」。我們的生活中充滿了微小的喜悅，能夠意識到這些的人，絕對能過著「幸福的人生」。

重點就在於，不要被所謂的結果和目標過度束縛，而是留心關注日常中細微的美好。抱持這樣的態度，我們才會珍惜每一個瞬間，並感受到幸福。幸福是面對「當下這一刻」的態度，也是我們應該在此時・此地用心去感受的事物。

將未來的不安，轉換為當下具體可解的恐懼

在此之前，我已經再三提到「不安是源自於未來」。把眼光放在不確定的未來，思考自己能否得到幸福，會讓人感到不安。人生只有一次，卻無法得知自己能否得到幸福，這個事實讓人心煩意亂。既然到了最後，對於這份棘手難解的「不安」，我想再多說幾句。

不確定的未來，最容易讓我們不安。現代社會的資訊氾濫、選擇眾多，

各種不確定的預測也隨之而生，更加深了我們的焦慮。再怎麼反覆預測，即便結果是光明的，那終究也只是預測而已，不安並不會就此遠離。

德國哲學家海德格（Martin Heidegger），曾對這種不安提出了發人深省的看法——「不安是因為對象不明確而無法消除；相對來說，恐懼則因為對象明確而可以化解。」

大膽地換個說法，那就是：「如果不安的對象不明確又難以捉摸，那就將其轉換為明確的恐懼，這樣不就好了？」

想太多的人，就是會說出這種離譜的話（笑）。

總覺得這有點像是在說「沒有麵包的話，那就吃蛋糕吧」。

不過，這個見解確實為我們提供了一項因應之道，那就是——

將不確定的未來引發的不安，轉換為當下具體的恐懼。

放下「無法控制的事」，投入「現在能做的事」

接著來思考一下F的求職會引發哪些相關的不安吧。

他擔心面試不會成功，也擔心自己無法順利適應新職場，這些都是對未來狀況的莫名不安，很難透過具體的行動來應對。

然而，當我們將這些莫名的不安轉換為明確的恐懼，事態就會改變。例如F對於面試的不安，可以轉換為「面試時做不好自我介紹」或「無法清楚說明自己的能力」等確切的恐懼。

同樣地，能否順利適應新職場的憂慮，也可以轉換為「建立新的人際關係」或「學習新的業務」等具體的問題。

而這些恐懼，只要透過練習自我介紹、思考如何清楚說明自己的能力、或是改善溝通技術等方式，就能用具體的應對加以化解。

就像這樣，藉由將未來的抽象焦慮轉換為當下的具體恐懼，F終於可以思考實際的對策並付諸行動。這樣的嘗試，可以說是一種參考海德格哲學的行為療法。

總而言之，將不安轉換為恐懼，就是「放下無法控制的事，專注於可以控制的事」。海德格也說過，**「想要調適不安，歸根究柢就是要面對『身在此時・此地的自己』」**。

會感到不安，代表你是自由而有選擇的

再舉另一個例子吧。丹麥哲學家齊克果（Søren Aabye Kierkegaard）說過：

「不安就是反覆思索著其他選擇的態度。」

換句話說，他將「感受到不安」正面解讀為「感受到自由」。

確實，不安可以說是「徬徨不定的憂慮」。

反過來說，**沒有選擇的人是感受不到不安的，同時，也沒有任何希望。**

因為有希望，才會有不安；

因為有希望，才會擔憂事情能否確實如願而不安。

你想要過著沒有不安、也沒有希望的人生嗎？

讓我們透過Ｆ的例子來思考這個問題。

在求職過程中，Ｆ經常感到不安，這些擔憂都是出自於面試能否成功、新職場是否適合自己等不確定的未來。但是，從齊克果的觀點來看，Ｆ會感到不安，正是因為「他是自由的」，也就是「他擁有可以選擇的未來」。

如果沒有選擇，Ｆ或許就不會不安了，但這同時也意味著，他沒有能力影響自己的未來，也不再擁有任何希望。

我們常常將不安視為負面的狀態，但要是接受齊克果的觀點，不安反而會成為「我們擁有自由」的證明，也代表我們可以對未來抱持期待與希望，是具有價值的狀態。

這個觀點告訴我們，**幸福不是一個終極的目標，而是由一連串交織著不安與希望的選擇所累積而成**。因此，想要得到幸福，我們必須學會與不安好好共處，同時也要積極地開創自己的人生。

從這個意義上來看，幸福確實是一項持續進行的計畫。

而我衷心地祝福，你的計畫能夠順利、成功。

全書註釋

● 註①（P31）

在芝加哥大學史蒂芬．列維特教授的研究中，透過擲硬幣做重大決定的人，後來會更傾向於在人生中採取行動而引發變化；六個月後，他們也表示自己的幸福感有所提升。這意味著常在猶豫不決後選擇維持現狀的人，有可能透過選擇改變，而變得更加幸福。

Levitt, S. D. (2020). “Heads or tails: The impact of a coin toss on major life decisions and subsequent happiness.” *The Review of Economic Studies*, 88(1), 378-405.

● 註②（P60）

艾賓浩斯遺忘曲線（Ebbinghaus's Forgetting Curve）顯示，人們會隨著時間的推移，逐漸忘記新學會的事物。例如，你要是記住了一百個單字，一小時後平均來說會記得六十八個左右，一天後能記得的是四十四個，一個月後則會減少至二十八個。

● 註③（P66）

根據聖母大學蓋布瑞．拉德凡斯基教授的研究，搬家之後，新環境的刺激會使大腦活化、感受也煥然一新，因此新的體驗會被清晰地記住，舊的記憶則會變得模糊。換言之，搬家可能會重組記憶，成為振作精神的契機。

Radvansky, G. A., Krawietz, S. A., & Tamplin, A. K. (2011). "Walking through doorways causes forgetting: Further explorations." *Quarterly Journal of Experimental Psychology*, 64(8), 1632-1645.

● 註④（P98）

社會心理學家里昂・費斯汀格的社會比較理論指出，當人們看見與自己處境相似的人，往往會不自覺地想跟對方比較。這會使得自我評價像乘坐雲霄飛車般劇烈地高低起伏，而導致身心俱疲。

Festinger, L. (1954). "A theory of social comparison processes." *Human Relations*, 7(2), 117-140.

● 註⑤（P100）

在哥本哈根大學的研究中，曾做過「一週不使用 Facebook」的實驗。結果顯示，不使用 Facebook 的受試者要比持續使用的受試者擁有更高的幸福感；尤其是經常使用的人，減少使用後的幸福感更會大幅提升。由此可知，不使用 Facebook 的生活將使得我們有更多機會，在自己的人生中體驗滿足、感受幸福。

Tromholt, M. (2016). "The Facebook experiment: Quitting Facebook leads to higher levels of well-being." *Cyberpsychology, Behavior, and Social Networking*, 19(11), 661-666.

● 註⑥（P128）

根據賓州州立大學的研究，焦慮症患者的擔憂有九十一・四%都不會成為現實；而內心的擔憂越常落空的人，越容易改善焦慮。換言之，要消除焦慮，關鍵就在於必須切身感受到這些擔憂都是偏頗、不合理的。

LaFreniere, L. S., & Newman, M. G. (2020). “Exposing worry’s deceit: Percentage of untrue worries in generalized anxiety disorder treatment.” *Behavior Therapy*, 51(3), 413-423.

● 註⑦（P181）

根據拉德堡德大學艾普・狄克思特修斯教授的研究，專家在預測足球比賽的結果時，憑藉第一印象的直覺來回答，要比花時間刻意理性思考的準確率更高。這或許說明了，做決定時不宜過度思考，同時也必須重視第一印象。

Dijksterhuis, A., Bos, M. W., Van der Leij, A., & Van Baaren, R. B. (2009). “Predicting soccer matches after unconscious and conscious thought as a function of expertise.” *Psychological Science*, 20(11), 1381-1387.

● 註⑧（P185）

根據哥倫比亞大學希娜・艾恩嘉教授的研究，追求完美的人在找工作時，通常會從外部收集大量資訊，並在腦中比較所有可能的工作。因此就算已經就職，他們仍會反覆思索是否還有其他更好的選擇，以致於很難對工作滿意，也容易承受壓力。換言之，求職的方式正是導致他們無法滿足的原因。

Iyengar, S. S., Wells, R. E., & Schwartz, B. (2006). “Doing better but feeling worse.” *Psychological Science*, 17(2), 143-150.

● 註⑨（P185）

史蒂夫・賈伯斯〈保持飢渴、保持愚傻〉（Stay hungry. Stay foolish.）演講全文。

https://news.stanford.edu/stories/2005/06/youve-got-find-love-jobs-says

Soulmate 19

放下不確定的未來，做出此刻最好的決定

未來無法預知，所以更要相信現在的自己。
聽從真實的內心、捨棄無用的努力，就能朝幸福的路上持續前進！

作　者——堀內進之介、吉岡直樹
譯　者——楊詠婷

責任編輯——郭玢玢
美術設計——耶麗米工作室
總編輯——郭玢玢

出　版——仲間出版／遠足文化事業股份有限公司
發　行——遠足文化事業股份有限公司（讀書共和國出版集團）
地　址——231 新北市新店區民權路 108-2 號 9 樓
郵撥帳號——19504465 遠足文化事業股份有限公司
電　話——（02）2218-1417
電子信箱——service@bookrep.com.tw
網　站——www.bookrep.com.tw

法律顧問——華洋法律事務所　蘇文生律師
印　製——通南彩印股份有限公司

定　價——340 元
初版一刷——2024 年 12 月
初版二刷——2025 年 1 月

ISBN 978-626-99344-0-9（平裝）
ISBN 978-626-98186-8-6（EPUB）
ISBN 978-626-98186-9-3（PDF）

放下不確定的未來，做出此刻最好的決定：
未來無法預知，所以更要相信現在的自己。
聽從真實的內心、捨棄無用的努力，
就能朝幸福的路上持續前進！

堀內進之介、吉岡直樹著；楊詠婷譯
--初版--新北市：仲間出版，遠足文化發行 2024.12
224面；14.8 × 21公分（Soulmate；19）

ISBN 978-626-99344-0-9（平裝）

1. 自我肯定　2. 自我實現　3. 生活指導
177.2　113019166